AF276312

15'00€

COLEX

GRACIAS POR CONFIAR EN COLEX

Disfrute gratuitamente **DURANTE UN AÑO** de los eBook, audiolibros y Colex Copilot de las obras de Editorial Colex*

ACTIVA TU CÓDIGO PARA ACCEDER A LOS SERVICIOS

1. Accede a www.colex.es.
2. Inicia sesión o regístrate como usuario.
3. Dirígete al menú de usuario y haz clic en «Mis códigos».
4. Introduce el siguiente código (RASCA PARA VER EL CÓDIGO):

◆ Una vez se valide el código, aparecerá una ventana de confirmación y su eBook / audiolibro / Colex copilot estarán activos **durante 1 año desde su activación** en la pestaña «Mis libros» en el menú de usuario.

No se admitirá la devolución si el código promocional ha sido manipulado y/o utilizado.

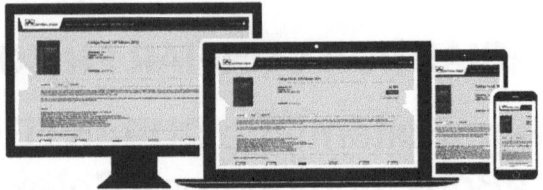

¡Gracias por confiar en nosotros!

La obra que acaba de adquirir incluye de forma gratuita la versión electrónica.

Acceda a nuestra página web para aprovechar todas las funcionalidades de las que dispone en nuestro lector.

Funcionalidades eBook

Acceso desde cualquier dispositivo con conexión a internet

Idéntica visualización a la edición de papel

Navegación intuitiva

Tamaño del texto adaptable

Síguenos en:

NUEVA FUNCIONALIDAD CON INTELIGENCIA ARTIFICIAL EN LOS LIBROS DE COLEX

| Una cortesía de Iberley.es |

En Colex damos un paso más en innovación jurídica. Desde ahora, las guías «Paso a paso» y los «Vademecum» incorporan una nueva funcionalidad basada en **inteligencia artificial**, gracias a la tecnología de **Iberley IA**.

El lector podrá interactuar directamente con el contenido del libro de forma inmediata, útil y centrada exclusivamente en su materia.

☑ **¿Qué puede hacer el usuario en el libro?**

💬 Realizar preguntas sobre el contenido del libro.

📦 Solicitar explicaciones de artículos, conceptos o normativa.

✳ Utilizar un ChatBot inteligente, contextualizado y acoplado al contenido legal del libro.

💡 Resolver dudas puntuales mientras se estudia o trabaja con la obra.

☒ **¿Qué no puede hacer esta versión del ChatBot?**

✗ No permite generar escritos jurídicos.

✗ No analiza ni responde documentos externos.

✗ No responde a consultas de otras materias distintas a la del libro.

Esta herramienta está pensada para enriquecer la experiencia de lectura y consulta del libro. Su uso es exclusivo sobre su contenido.

¿QUIERES IR MÁS ALLÁ? DESCUBRE IBERLEY IA

Si necesitas una **solución avanzada de inteligencia legal**, con cobertura total de materias y documentos, entra en **www.iberley.es** y accede a todas las funcionalidades profesionales:

CUADRO SIMBÓLICO DE FUNCIONALIDADES		
Funcionalidad	**En los libros Colex**	**En Iberley.es**
Preguntar sobre el contenido del libro	✓	✓
Solicitar explicaciones jurídicas	✓	✓
ChatBot integrado al contenido del libro	✓	✓
Consultas sobre otras materias	✗	✓
Análisis de documentos externos	✗	✓
Generación de escritos jurídicos	✗	✓
Traducción jurídica	✗	✓
Informes y resúmenes legales automáticos	✗	✓
Contratos, guías prácticas y emails para clientes	✗	✓
Estrategias judiciales y jurisprudencia instantánea	✗	✓

INCORPORACIÓN DE FAMILIARES EN EL NEGOCIO DEL AUTÓNOMO: CLAVES LEGALES, LABORALES Y FISCALES

Conozca qué es, los requisitos, las ventajas y las obligaciones del autónomo colaborador

INCORPORACIÓN DE FAMILIARES EN EL NEGOCIO DEL AUTÓNOMO: CLAVES LEGALES, LABORALES Y FISCALES

Conozca qué es, los requisitos, las ventajas y las obligaciones del autónomo colaborador

EDICIÓN 2025

Obra realizada por el Departamento de Documentación de Iberley

COLEX 2025

© Editorial Colex, S.L.
Calle Costa Rica, número 5, 3º B (local comercial)
A Coruña, C.P. 15004
info@colex.es
www.colex.es

I.S.B.N.: 979-13-7011-306-3
Depósito legal: C 1272-2025

SUMARIO

ANEXO I.
CASOS PRÁCTICOS

ANEXO II.
FORMULARIOS

ANEXO II.
FORMULARIOS

0.
INTRODUCCIÓN

La figura del «autónomo colaborador» nace para aquellos casos en los que la colaboración de un familiar no puede considerarse una relación laboral por cuenta ajena por concurrir los requisitos de convivencia, parentesco y habitualidad, y en sentido contrario, no habiéndose podido probar de forma suficiente la existencia de «ajenidad» y «dependencia» imprescindibles para una relación laboral. Cuando se dan estos requisitos, la ley presume (aunque admite prueba en contrario) que la relación debe encuadrarse en el RETA y no en el Régimen General, debiendo el familiar encuadrarse como autónomo colaborador. (STSJ de Canarias n.º 1027/2023, de 13 de julio, ECLI:S:TSJICAN:2023:2193).

Un autónomo colaborador familiar o por afinidad es un **familiar directo del trabajador autónomo titular que trabaja con él y convive con él, hasta segundo grado de consanguinidad, donde se establece una relación de jerarquía en la que el titular del negocio regula las tareas que el colaborador desarrolla.** El autónomo colaborador es un trabajador por cuenta propia para la Seguridad Social, pero un trabajador por cuenta ajena para Hacienda. Es decir, que tributa como un asalariado, ya que percibe sus ingresos como un sueldo del autónomo titular para el que trabaja.

El autónomo colaborador no tiene la obligación de darse de **alta en la AEAT**, ni tiene ninguna obligación de presentar ningún **impuesto trimestralmente**, siendo el obligado a ello el autónomo titular del negocio, únicamente la **declaración de la renta**, como cualquier trabajador por cuenta ajena, teniendo únicamente la obligación de presentar a la Seguridad Social el **modelo TA 0521** (Solicitud de alta en el régimen especial de autónomos - Familiar colaborador del titular de la explotación) y, por tanto, ya que la Seguridad Social los considera «autónomos» tienen acceso al cobro de las prestaciones reguladas para los mismos en las mismas condiciones que cualquier autónomo. (STSJ de Extremadura n.º 55/2025, de 27 de enero de 2025, ECLI:ES:TSJEXT:2025:66).

El autónomo titular del negocio tiene la **obligación subsidiaria de abonar las cotizaciones** a la Seguridad Social del autónomo colaborador, de abonar su salario y de contabilizar estas partidas como gastos deducibles de su negocio.

Nuestra guía aborda en detalle todos los aspectos mencionados, proporcionando una visión completa y fundamentada de la figura del autónomo colaborador en el marco del derecho español. En concreto, **se desarrollarán:**

- **Concepto de autónomo colaborador.** Un autónomo colaborador es un familiar directo del trabajador autónomo titular que convive y trabaja con él. Esta figura se encuadra en el Régimen Especial de Trabajadores Autónomos (RETA) y no en el Régimen General de la Seguridad Social, lo que nos permitirá analizar las razones detrás de la aparición de esta figura.

- **Requisitos del autónomo colaborador y sus lagunas.** Para ser considerado autónomo colaborador, se deben cumplir los siguientes requisitos:

  » Ser familiar directo del autónomo titular (cónyuge, descendientes, ascendientes y demás parientes por consanguinidad o afinidad hasta el segundo grado inclusive, y en su caso, por adopción).

  » Trabajar de forma habitual en el centro de trabajo del autónomo titular.

  » Convivir en el hogar del autónomo titular y estar a su cargo.

  » No estar dado de alta como trabajador por cuenta ajena.

  » No tratarse de una colaboración puntual.

- **Formalización de la prestación de servicios entre autónomo titular y autónomo colaborador.** La relación entre el autónomo titular y el autónomo colaborador debe formalizarse mediante la inscripción del colaborador en el RETA.

- **Alta, cotización y bonificaciones en la Seguridad Social de los autónomos colaboradores.** El autónomo colaborador debe darse de alta en el RETA mediante la presentación del modelo TA 0521. La base de cotización no puede ser inferior a la base mínima establecida para los trabajadores del Régimen General del grupo de cotización 7. Existen bonificaciones del 50 % de la cuota de autónomos durante los 18 meses posteriores al alta.

- **Retribución y fiscalidad del autónomo familiar colaborador.** El autónomo colaborador tributa como un trabajador por cuenta ajena, es decir, como un asalariado. No tiene la obligación de presentar impuestos trimestrales, solo la declaración de la renta anual.

- **Compatibilidad con otras actividades o con el trabajo a cuenta ajena.** La figura del autónomo colaborador es incompatible con estar dado de alta como trabajador por cuenta ajena. No se puede contratar a un familiar como autónomo colaborador si ya está cotizando en el Régimen General de la Seguridad Social.

- **Prestaciones.** El autónomo colaborador tiene derecho a las mismas prestaciones que cualquier otro autónomo, incluyendo la prestación por desempleo en modalidad de pago único para subvencionar las cuotas a la Seguridad Social.

- **Obligaciones de los autónomos titulares y colaboradores.** El autónomo titular debe abonar las cotizaciones a la Seguridad Social (aunque el responsable de abonar las cotizaciones es el autónomo colaborador) y su salario, contabilizando estas partidas como gastos deducibles de su negocio. El autónomo colaborador, por su parte, debe cumplir con las obligaciones de cotización y tributación establecidas.

- **Preguntas frecuentes sobre los autónomos colaboradores.** La figura del autónomo colaborador continúa suscitando numerosas dudas entre trabajadores, empresarios y asesores laborales. A modo de anexo, la obra resuelve cuestiones relacionadas con: bonificaciones y acceso a incentivos: tarifa plana y «cuota cero», compatibilidades y particularidades contractuales, cuota mínima y alta en el RETA, capitalización del cese de actividad, finalización de la relación y pérdidas de confianza, control e inspecciones, fraude de ley y jubilación, sustitución del autónomo colaborador ante su incapacidad temporal, divorcio, etc.

1.
QUÉ ES UN AUTÓNOMO COLABORADOR O AUTÓNOMO FAMILIAR

1.1. Tipos de trabajador autónomo y exclusiones

Dentro del Régimen Especial de Trabajadores Autónomos (RETA), en función de las características de la actividad que realizan y su encuadramiento fiscal y laboral, podemos identificar los siguientes **grupos**:

1. **Trabajadores autónomos «clásicos»:** personas físicas que realizan de forma habitual, personal, directa, por cuenta propia y fuera del ámbito de dirección y organización de otra persona, una actividad económica o profesional a título lucrativo, den o no ocupación a trabajadores por cuenta ajena. También adquirirán esta condición los trabajos, realizados de forma habitual, por familiares de los trabajadores autónomos que no tengan la condición de trabajadores por cuenta ajena, conforme a lo establecido en el apdo. 3. e) del art. 1 del Estatuto de los Trabajadores.

2. **Autónomo económicamente dependiente**: se considera trabajador autónomo económicamente dependiente la persona física que realiza una actividad económica o profesional a título lucrativo y de forma habitual, personal, directa y predominante para un cliente del que percibe, al menos, el 75 por 100 de sus ingresos por rendimientos de trabajo y de actividades económicas o profesionales y en el que concurren las restantes condiciones establecidas para los autónomos «ordinarios») (art. 11 de la Ley 20/2007, de 11 de julio y art. 1 del Real Decreto 197/2009, de 23 de febrero).

3. **Autónomo colaborador**: familiar, hasta el segundo grado por consanguinidad o afinidad, del trabajador autónomo titular que convive y trabaja con él cuya incorporación al Régimen Especial de Trabajadores Autónomos (RETA) resulta obligatoria. **Objeto de esta obra.**

4. **Trabajador** *freelance*: aquel cuya actividad consiste en realizar trabajos propios de su profesión, pero de forma autónoma, para terceros que requieren sus servicios. En la actualidad no se encuentra regulación propia para este tipo de actividad.

5. **Administradores y socios de sociedades laborales**: el encuadramiento en la Seguridad Social de administradores y socios se encuentra regulado en el art. 305 de la LGSS.

6. **Trabajadores agrarios por cuenta propia**: titulares de explotaciones agrarias que realicen en ellas labores agrarias de forma personal y directa, aun cuando ocupen trabajadores por cuenta ajena, siempre que no se trate de más de dos trabajadores que coticen con la modalidad de bases mensuales o, de tratarse de trabajadores que coticen con la modalidad de bases diarias (art. 255 de la LGSS), que el número total de jornadas reales efectivamente realizadas no supere las quinientas cuarenta y seis en un año, computado desde el 1 de enero al 31 de diciembre de cada año (arts. 323 y 324 de la LGSS).

7. **Trabajadores de alta dirección**: el encuadramiento de los trabajadores vinculados con la empresa por relación laboral especial de alta dirección se regula siguiendo las letras c), d) y e) del apdo. 2 del 136 de la LGSS.

8. **Otros tipos de autónomos**:

   » Socios trabajadores de cooperativas de trabajo asociado que hayan optado por cotizar en el régimen especial de trabajadores autónomos.

   » Los comuneros o socios de comunidades de bienes y sociedades civiles irregulares.

JURISPRUDENCIA

STS, rec. 3956/2010, de 11 de julio de 2011, ECLI:ES:TS:2011:5801

Analizando la existencia de trabajador autónomo económicamente dependiente, el art. 17 de la LETA establece la jurisdicción del orden social [art. 2 d) de la LJS] para conocer de las pretensiones derivadas del contrato celebrado entre el trabajador autónomo económicamente dependiente y su cliente. Pero para ello es necesario que el contrato entre el trabajador autónomo y su cliente sea un contrato incluido en los arts. 11 y 12 de la LETA. La delimitación de esta relación contractual es compleja. En principio y en el marco del art. 11.1 de la LETA, el contrato se define en función de su objeto que, a su vez, se conecta con el propio concepto de trabajador autónomo económicamente dependiente. En este sentido, ese objeto se vincula a la «realización de una actividad económica o profesional a título lucrativo y de forma habitual, personal, directa y predominante para una persona física o jurídica, denominada cliente», del que se depende económicamente «por percibir de él, al menos, el 75 por 100 de sus ingresos por rendimientos de trabajo y de actividades económicas o profesionales». En el número 2 del art. 11 se mencionan una serie de condiciones que debe reunir el trabajo autónomo económicamente dependiente (no tener a su cargo trabajadores por cuenta ajena ni contratar o subcontratar parte o toda la actividad con terceros, no ejecutar su actividad de manera indiferenciada con los trabajadores que presten servicios bajo cualquier modalidad de contratación laboral por cuenta del cliente, disponer de infraestructura productiva y material propios, necesarios para el ejercicio de la actividad e independientes de los de su cliente, cuando en dicha actividad sean relevantes económicamente, desarrollar su actividad con criterios organizativos propios, sin perjuicio de las indicaciones técnicas que pudiese recibir de su cliente y percibir una contraprestación económica en función del resultado de su actividad, de acuerdo con lo pactado con el cliente y asumiendo el riesgo y ventura de aquella).

Se entenderán **expresamente excluidas del ámbito de aplicación del Estatuto del trabajo autónomo**, aquellas prestaciones de servicios que no cumplan con los requisitos establecidos anteriormente (art. 1.1 de la LETA), y en especial:

1. Las relaciones de trabajo por cuenta ajena a que se refiere el art. 1.1 del Estatuto de los Trabajadores.

2. La actividad que se limita pura y simplemente al mero desempeño del cargo de consejero o miembro de los órganos de administración en las empresas que revistan la forma jurídica de sociedad [art. 1.3. c) del ET]. **(STS n.º 912/2018, de 4 de junio de 2018, ECLI:ES:TS:2018:1972)**.

3. Las relaciones laborales de carácter especial a las que se refiere el art. 2 del Estatuto de los Trabajadores y disposiciones complementarias.

Por su parte, tres precisiones:

- El art. 9 del LETA prohíbe a los **menores de dieciséis años** ejecutar trabajo autónomo ni actividad profesional, ni siquiera para sus familiares, complementando la misma prohibición realizada por el apdo. 4 del art. 6 del ET.

- La figura de «falso autónomo», que por tratarse de una persona cuya relación con la empresa se ha configurado fraudulentamente mediante una prestación de servicios como autónomo, dada su especialidad, ha de ser tratada como un supuesto de exclusión dentro del Régimen Especial de Trabajadores Autónomos.

- Los **profesionales colegiados** pueden quedar exceptuados de la obligatoria afiliación al RETA si han optado por incorporarse a la Mutualidad de Previsión Social que tuviera establecido su Colegio Profesional. Estas mutualidades quedan configuradas legalmente como mecanismos de protección y aseguramiento «alternativos» al RETA de la Seguridad Social. En este sentido, la STS, rec. 1317/1999, de 25 de enero de 2000, ECLI:ES:TS:2000:379, ha declarado que no existe incompatibilidad entre los dos heterogéneos sistemas de protección, de manera que cuando el interesado opta por mantenerse de forma simultánea en alta en el RETA y en la correspondiente Mutualidad, ésta desempeñará la función de complementación prevista en el Reglamento de mutualidades de previsión social (Real Decreto 1430/2002, de 27 de diciembre), mientras que en los casos en que se opta exclusivamente por incorporarse a la Mutualidad de Previsión Social prevista por el correspondiente Colegio Profesional, la función de la Mutualidad será la de «alternativa» al sistema de Seguridad Social. (STSJ de Cataluña, rec. 4585/2006, de 26 de octubre de 2007, ECLI:ES:TSJCAT:2007:11534).

JURISPRUDENCIA

STS n.º 44/2018, de 24 de enero de 2018, ECLI:ES:TS:2018:608

Fijando criterios para detectar falsos autónomos: «*(...) los indicios comunes de dependencia más habituales en la doctrina jurisprudencial son seguramente la asistencia al centro de trabajo del empleador o al lugar de trabajo designado por éste y el sometimiento a horario. También se utilizan como hechos indiciarios de dependencia, entre otros, el desempeño personal del trabajo (STS de 23 de octubre de 1989), compatible en determinados servicios con un régimen excepcional de suplencias o sustituciones (STS de 20 de septiembre de 1995); la inserción del trabajador en la organización de trabajo del empleador o empresario, que se encarga de programar su actividad (STS de 8 de octubre de 1992, STS de 22 de abril de 1996); y, reverso del anterior, la ausencia de organización empresarial propia del trabajador. Indicios comunes de la nota de ajenidad son, entre otros, la entrega o puesta a disposición del empresario por parte del trabajador de los productos elaborados o de los servicios realizados (STS de 31 de marzo de 1997); la adopción por parte del empresario y no del trabajador de las decisiones concernientes a las relaciones de mercado o de las relaciones con el público, como fijación de precios o tarifas, selección de clientela, indicación de personas a atender (STS de 15 de abril de 1990, STS de 29 de diciembre de 1999); el carácter fijo o periódico de la remuneración del trabajo (STS de 20 de septiembre de 1995); y el cálculo de la retribución o de los principales conceptos de la misma con arreglo a un criterio que guarde una cierta proporción con la actividad prestada, sin el riesgo y sin el lucro especial que caracterizan a la actividad del empresario o al ejercicio libre de las profesiones (STS de 23 de octubre de 1989)*».

1.2. Figura de autónomo colaborador

La inexistencia de una normativa reguladora del autónomo colaborador clara y específica implica ciertas lagunas en el concepto sobre las que siempre se plantean dudas cubiertas por el art. 12 de la LGSS y arts. 1, 35 y D.A. 10.ª de la LETA que desgranamos a continuación.

1.2.1. Aparición de la figura de autónomo colaborador o autónomo familiar

La figura del autónomo colaborador surge como consecuencia de la normativa española que regula las relaciones laborales entre empresarios y sus familiares, particularmente cuando estos familiares conviven con el empresario y colaboran de manera habitual en la actividad del negocio.

Según los **artículos 12.1 y 305.1 y 305.2 k) del Real Decreto Legislativo 8/2015, de 30 de octubre, por el que se aprueba el texto refundido de la Ley General de la Seguridad Social (LGSS)**, y el **artículo 1.3 e) del Estatuto de los Trabajadores (ET)**, existen limitaciones en la posibilidad de encuadrar como trabajadores por cuenta ajena a los familiares hasta segundo grado por consanguinidad o afinidad del empleador, siempre que convivan y estén a su cargo.

Concretamente, el **artículo 1.3 e) ET** excluye del ámbito de aplicación de la ley laboral los trabajos familiares "salvo que se demuestre la condición de asalariados de quienes los llevan a cabo", considerándose familiares a tales efectos aquellos que conviven con el empresario hasta el segundo grado. El **artículo 305.2 k) de la LGSS** dispone expresamente la inclusión en el Régimen Especial de Trabajadores Autónomos (RETA) del cónyuge y familiares que, de forma habitual, trabajen en el negocio familiar sin reunir los requisitos de relación laboral. (La contratación de familiares en tu empresa. Paso a paso. Colex. Año 2024).

Por tanto, **la figura del «autónomo colaborador» nace para aquellos casos en los que la colaboración de un familiar no puede considerarse una relación laboral por cuenta ajena por concurrir los requisitos de convivencia, parentesco y habitualidad**, y en sentido contrario, no habiéndose podido probar de forma suficiente la existencia de «ajenidad» y «dependencia» imprescindibles para una relación laboral. Cuando se dan estos requisitos, la ley presume (aunque admite prueba en contrario) que la relación debe encuadrarse en el RETA y no en el Régimen General, debiendo el familiar encuadrarse como autónomo colaborador. (STSJ de Canarias n.º 1027/2023, de 13 de julio, ECLI:S:TSJICAN:2023:2193).

1.2.2. Concepto de autónomo colaborador y normativa aplicable

Un autónomo colaborador es un familiar directo del trabajador autónomo titular que convive y trabaja para él. Para la Seguridad Social, los requisitos para cotizar como autónomo colaborador son:

- Familiar directo: cónyuge, descendientes, ascendientes y demás parientes del empresario, por consanguinidad o afinidad hasta el segundo grado inclusive y, en su caso, por adopción.

- Que estén ocupados en su centro o centros de trabajo de forma habitual.

- Que convivan en su hogar y estén a su cargo.

- Que no estén dados de alta como trabajadores por cuenta ajena.

> **A TENER EN CUENTA**. En el Estatuto del trabajo autónomo se establece que los menores de 16 años no podrán ejecutar trabajo autónomo ni actividad profesional en general, y por tanto tampoco para sus familiares.

No debe tratarse de una colaboración puntual.

A pesar de que la redacción del actual art. 35 de la LETA no establece la necesidad de que el familiar colaborador conviva y esté al cargo del titular del negocio, el requisito continúa siendo aplicable en base al art. 12 de la LGSS y ante el vacío normativo de convivencia y dependencia.

RESOLUCIONES RELEVANTES

STSJ de Cataluña n.º 6888/2013, de 23 de octubre de 2013, ECLI:ES:TSJCAT:2013:10706

Analizando la existencia de la figura de autónomo colaborador en caso de divorcio. El TSJ aclara que la letra e) del art. 1.3 del Estatuto de los Trabajadores, lo que establece que es una presunción de la no existencia de laboralidad en el trabajo desempeñado por los familiares convivientes del empresario, «pero ello no impide que pueda destruir dicha presunción legal, como en el caso enjuiciado, cuando se acredita que pese a tratarse de un familiar conviviente, el trabajo que desempeñaba la actora reunía las notas de laboralidad del art. 1.1 del ET, pues la actora pasó a prestar sus servicios dentro del ámbito de organización del empresario, titular único del negocio, y además con carácter de asalariada, como el empresario reconocía en las nóminas. Por tanto, pese a la existencia de hechos objetivos como el matrimonio y, es más, la convivencia entre los esposos, ello no obliga a que deba aplicarse el apdo. e) art 1.3 del Estatuto de los Trabajadores, cuando la presunción de no laboralidad se destruye».

STSJ de Andalucía n.º 195/2011, de 7 de febrero, ECLI:ES:TSJAND:2011:8309

Se ha establecido que para la aplicación de la deducción por maternidad no es requisito necesario que la actividad desarrollada esté retribuida. Considera que el ejercicio de una actividad puede no implicar la percepción de ingresos, siendo suficiente para aplicar la deducción el cumplimiento de los requisitos exigidos en la normativa, es decir: a) ser mujer con hijos menores de tres años, b) realizar una actividad por cuenta propia o ajena y c) estar dada de alta en el régimen correspondiente de la Seguridad Social.

STSJ de Cataluña n.º 308/2018, de 19 de enero, ECLI:ES:TSJCAT:2018:187

«(...) el autónomo colaborador, conforme al art. 3.b) del RD 2530/70, está obligatoriamente incluido en el RETA y, conforme al art. 43 del RD 2064/1995, el autónomo titular es responsable subsidiario respecto de la obligación de cotizar del autónomo colaborador, que es el responsable directo de la obligación de cotizar por sí mismo.

Por tanto, y con independencia de las obligaciones fiscales a efectos de IRPF a que alude la recurrente en su escrito de interposición, lo cierto y verdad es que la normativa expuesta ampara la pretensión del actor, sin que haya norma alguna —invocada o no por la recurrente— que impida al actor en el caso de autos acceder a percibir la prestación de desempleo en modalidad de pago único con la finalidad del abono mensual al trabajador para subvencionar las cuotas a la Seguridad Social Por todo lo expuesto, el recurso no puede prosperar, sin que proceda la imposición de costas conforme al art. 235 de la LRJS».

1.2.3. Requisitos del autónomo colaborador y sus lagunas

Los **requisitos** para ser autónomo colaborador son:

1. Familiar directo del autónomo titular

El autónomo colaborador debe ser cónyuge, descendiente, ascendiente o pariente del empresario **por consanguinidad o afinidad hasta el segundo grado inclusive**, o por adopción.

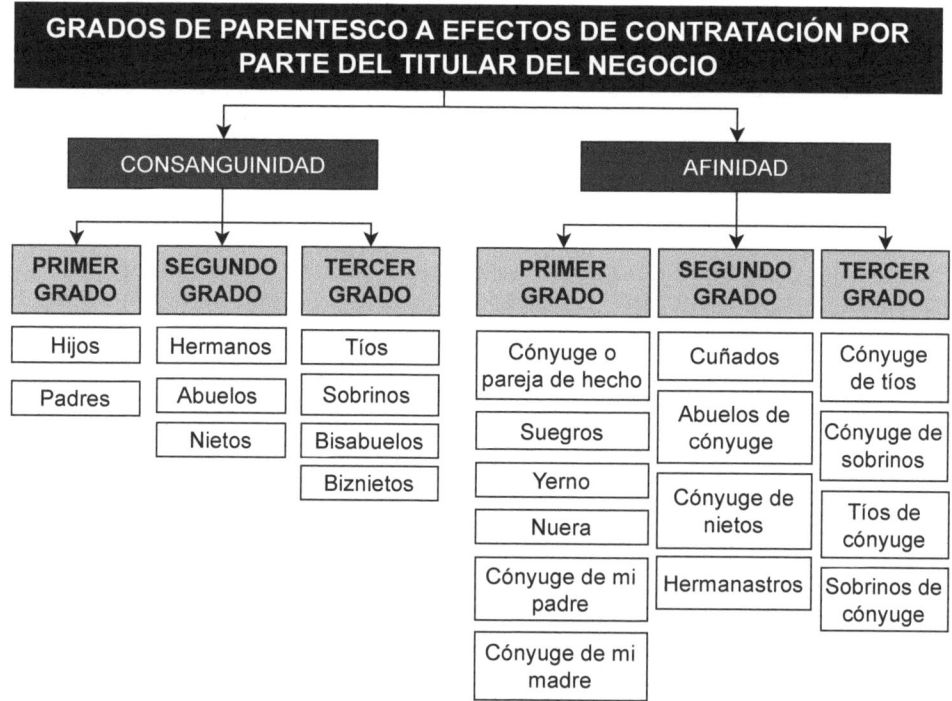

* Se incluyen la figura de las **parejas de hecho** como concepto asimilable al cónyuge.

El art. 12.1 de la LGSS dispone que «a efectos de lo dispuesto en el art. 7.1, no tendrán la consideración de trabajadores por cuenta ajena, salvo prueba en contrario: el cónyuge, los descendientes, ascendientes y demás parientes del empresario, por consanguinidad o afinidad hasta el segundo grado inclusive y, en su caso, por adopción, ocupados en su centro o centros de trabajo, cuando convivan en su hogar y estén a su cargo».

Por tanto y también bajo presunción iuris tantum, el trabajador familiar no estará incluido en el Sistema de Seguridad Social como trabajador por cuenta ajena. (**STSJ de Castilla y León n.º 146/2021, de 16 de julio de 2021, ECLI:ES:TSJCL:2021:29359**. La base legal a esto nos la aporta el art. 305.2 k) de la LGSS cuando señala que estarán incluidos en el RETA «(...) el cónyuge y los parientes del trabajador por cuenta propia o autónomo que, conforme a lo señalado en el art. 12.1 y en el apartado 1 de este artículo, realicen trabajos de forma habitual y no tengan la consideración de trabajadores por cuenta ajena».

RESOLUCIÓN RELEVANTE

STSJ de la Comunidad Valenciana, de 11 de septiembre de 2018, n.º 799/2018, ECLI:ES:TSJCV:2018:5081

Se declara la consideración de trabajadora por cuenta propia de la cónyuge del autónomo titular, salvo que demuestre su condición de trabajadora por cuenta ajena, esto es, que su vínculo tiene las notas una relación laboral, ejerciendo su actividad con las notas definidoras del trabajo por cuenta ajena: voluntariedad, remuneración, ajenidad y dependencia y a la parte actora le corresponde de lleno la carga probatoria dirigida a la acreditación de la concurrencia de todas y cada una de estas características, por cuanto de la prolija legislación expuesta la calificación inicial o presuntiva de la relación de prestación de servicios es no laboral.

2. Ocupación habitual en el centro de trabajo

El familiar debe estar ocupado en el centro o centros de trabajo del autónomo titular de forma habitual, no siendo suficiente una colaboración puntual.

El art. 1.3.d) del ET excluye de su ámbito de regulación «(...) los trabajos realizados a título de amistad, benevolencia o buena vecindad» y la LETA obliga a habitualidad en la prestación de servicios. (STSJ de Murcia n.º 520/2004, de 10 de mayo de 2004, ECLI:ES:TSJMU:2004:943).

A modo de ej., en la SJS-Salamanca n.º 460/2023, de 18 de diciembre del 2023, ECLI:ES:JSO:2023:4823, aun cuando se acreditó que la demandante (madre del titular del negocio) realizó alguna tarea en el negocio, no quedó suficientemente probado que la colaboración fuera habitual, retribuida o profesional (ni dependencia económica, ni integración en el núcleo económico-familiar). La sentencia pone de relieve que la mera «ayuda» al familiar, especialmente cuando se trata de una colaboración ocasional, no remunerada y en un contexto de vinculación familiar, no puede calificarse automáticamente como relación laboral ni dar lugar a la obligación de alta como trabajador por cuenta ajena o como autónomo colaborador.

En conclusión, si la colaboración es meramente ocasional, desinteresada y no retribuida, puede aplicarse la excepción prevista en el art. 1.3.d) del Estatuto de los Trabajadores (trabajos realizados por amistad, benevolencia o buena vecindad). En tal caso, la imposición de altas forzosas y sanciones administrativas no tiene fundamentación suficiente, y las resoluciones administrativas deben ser revocadas, tal y como ha sucedido en la sentencia citada.

3. Convivencia y dependencia económica

A pesar de que la redacción del actual art. 35 de la LETA no establece la necesidad de que el familiar colaborador conviva y esté al cargo del titular del negocio, este requisito —en base al art. 12 de la LGSS y ante el vacío normativo de convivencia y dependencia— continúa siendo aplicable.

La figura del autónomo colaborador (es decir, el familiar que colabora en la empresa sin ostentar la condición de asalariado, cotizando en el Régimen Especial de Trabajadores Autónomos – RETA) está vinculada esencialmente a la convivencia familiar con el titular del negocio. Debemos recordar que, conforme al artículo 1.3.e) del Estatuto de los Trabajadores, la exclusión de laboralidad por parentesco es una presunción referida a los familiares convivientes.

No existe un método fijado por la doctrina o normativa para acreditar la no convivencia a efectos de la existencia de una posible relación laboral ordinaria entre el empresario y el trabajador familiar. Corresponde a la sección de lo social del tribunal de instancia, en caso de dudas por parte de la entidad gestora o inspección de trabajo, valorar los diversos elementos de prueba que en orden a la acreditación de la convivencia se aporten por las partes al proceso, a fin de establecer la situación real de convivencia. (STSJ de Castilla y León, rec. 1027/2019, de 11 de octubre de 2019, ECLI:ES:TSJCL:2019:4420 y STSJ de Galicia n.º 400/2023, de 6 de octubre del 2023, ECLI:ES:TSJGAL:2023:6960).

En lo referente a la **dependencia económica**, la normativa tanto laboral como de la Seguridad Social considera a los trabajadores familiares como distintos de los trabajadores por cuenta ajena ya que los ve como colaboradores que aun a pesar de recibir una posible contraprestación que en sí constituya una participación en los rendimientos económicos de la actividad en la que coadyuvan, corren igualmente con los riesgos (sino de *iure si de facto*) de aquella actividad no respondiendo al resto de condicionantes propios de la relación laboral pura de la cuenta ajena (dependencia, subordinación, ámbito de organización y dirección) pues la normativa parece presuponer la existencia de un fondo familiar común (e incluso con independencia del régimen económico matrimonial) que actúa como sostén económico de la unidad familiar y da pauta para entender incumplido la nota o característica de ajenidad. (STSJ de Canarias n.º 502/2013, de 10 de julio de 2013, ECLI:ES:TSJICAN:2013:3401).

Es reiterada la jurisprudencia en el sentido de que, no hay relación laboral entre familiares que conviven cuando no hay transmisión de los frutos o resultados del trabajo prestado, sino que *«estos se destinan a un fondo social o familiar común»* (STS, rec. 1971/2000, 13 de marzo de 2001, ECLI:ES:TS:2001:2028). El autónomo colaborador deberá acreditar la realidad de la prestación de servicios no solo por actos meramente formales (STSJ de Andalucía, rec. 510/2022, de 23 de febrero del 2023, ECLI:ES:TSJAND:2023:1555).

La STSJ de Cataluña n.º 5259/2023, de 22 de septiembre del 2023, ECLI:ES:TSJCAT:2023:8794, ha considerado que el trabajador familiar vive a su cargo dado que los «(...) ingresos que percibe en nómina son de escasa cuantía y por ello que depende económicamente (...)» del autónomo titular.

4. No estar dado de alta como trabajador por cuenta ajena

El familiar **no debe estar dado de alta en el régimen general de la Seguridad Social como trabajador por cuenta ajena.**

Para que exista la posibilidad de contratar bajo la figura de autónomo colaborador **el familiar no debe estar dado de alta como trabajador por cuenta ajena**, es decir, no debe cotizar en el régimen general de la seguridad social. En este caso la prohibición aparece reflejada en el art. 1 de la LETA, donde se especifica: «También será de aplicación esta Ley a los *trabajos, realizados de forma habitual, por familiares de las personas definidas en el párrafo anterior que no tengan la condición de trabajadores por cuenta ajena, conforme a lo establecido en el artículo 1.3. e) del texto refundido de la Ley del Estatuto de los Trabajadores».*

5. Inclusión en el RETA

El autónomo colaborador, conforme al art. 3.b) del Decreto 2530/1970, de 20 de agosto, está obligatoriamente incluido en el RETA y, conforme al art. 43 del Real Decreto 2064/1995, de 22 de diciembre, el autónomo titular es responsable subsidiario respecto de la obligación de cotizar del autónomo colaborador, que es el responsable directo de la obligación de cotizar por sí mismo. (STSJ de Cataluña n.º 308/2018, de 19 de enero de 2018, ECLI:ES:TSJCAT:2018:187).

En el Estatuto del Trabajo Autónomo se establece que los menores de **16 años** no podrán ejecutar trabajo autónomo ni actividad profesional en general, y, por tanto, tampoco para sus familiares.

6. Condiciones especiales: autónomos societarios, parejas de hecho y transmisión del negocio al autónomo colaborador

‖ a) Autónomos societarios

No existe ningún tipo de precisión en la norma en cuanto a una posible alta como autónomo colaborador en relación a un familiar de autónomo societario. Este aspecto ha supuesto siempre cierta controversia y ha originado innumerables opiniones acerca de la existencia de lo que se podría denominar «autónomo familiar colaborador de socio de sociedad mercantil». No podríamos decir, al menos sin miedo a equivocarnos o a que se debatiera nuestro criterio con situaciones que se dan en la práctica o actuaciones de la inspección de trabajo, si la figura de autónomo colaborador es recomendable en los casos de que el autónomo titular resulte un autónomo societario.

En este caso, interpretando el art. 305 de la LGSS, o art. 3.b) del Decreto 2530/1970, de 20 de agosto, y adoptando el criterio restrictivo que podría llegar a aplicar la TGSS, podría entenderse la necesidad de alta en el RETA ordinario cuando el cónyuge, o hijo/a, del socio posean el control efectivo. Es decir, si el familiar que se pretende contratar tiene cierto nivel de participaciones en la empresa corresponderá el alta como autónomo ordinario, ya que, como hemos dicho, tiene el control efectivo de la sociedad.

La necesidad de convivencia con el socio administrador para que aparezca la posibilidad de ser autónomo colaborador limita, y esto ante el vacío legal es una conclusión propia, la posibilidad de que el familiar, aun cumpliendo todos los requisitos para ser familiar colaborador, pueda acceder a esta categoría respecto a un autónomo no persona física que ostente el control efectivo de la sociedad.

Como ejemplo de esta situación merece la pena analizar la STSJ de Madrid n.º 411/2025, de 25 de abril, ECLI:ES:TSJM:2025:6162. En este fallo, donde la esposa figuraba como autónomo colaborador familiar en la empresa de la que su marido era el administrador y socio principal, la cuestión jurídica debatida radica en la calificación de la relación mantenida, es decir, si era realmente una relación de laboralidad común o, por el contrario, encajaba dentro de la colaboración familiar.

El tribunal recoge en los hechos probados y en los fundamentos jurídicos que la trabajadora estaba como autónomo colaborador familiar al ser la esposa del administrador, y que así estuvo dada de alta en la Seguridad Social. Sin embargo, el posterior análisis de la sentencia deja claro que, a los efectos de la normativa laboral y de Seguridad Social, la figura de autónomo colaborador familiar únicamente procede cuando el titular de la actividad es una persona física que realiza una actividad empresarial de manera directa, y sus familiares colaboran con él en dicha actividad.

Cuando la actividad se organiza y gestiona a través de una sociedad mercantil (persona jurídica), como sucede en este caso (administrador de sociedades), la figura del autónomo colaborador familiar no resulta de aplicación salvo supuesto muy excepcionales (por ejemplo, cuando se es socio de la sociedad en cuestión y cumple determinados requisitos, especialmente en sociedades unipersonales o en las de tipo familiar con control efectivo, debiendo además tener una participación relevante en la sociedad).

En el fundamento jurídico primero la sentencia expresa literalmente: «(...) por el contrario, al tratarse de una relación de colaboración familiar no laboral, el fallecimiento del esposo de la trabajadora determina que no pueda atenderse a la existencia de un despido en el sentido jurídico del término, porque, en rigor, no puede apreciarse la existencia de una relación laboral entre las partes». No obstante, continúa la resolución razonando e indicando que, en este caso, la relación tenía naturaleza laboral y no puede entenderse como colaboración familiar de autónomo, dado que los cometidos realizados y la forma de prestación (organización ajena, salario, asunción de funciones administrativas) encajaban en la laboralidad del artículo 1 del Estatuto de los Trabajadores, concluyendo que la figura del colaborador familiar autónomo no era correcta en un contexto como el planteado (administrador de sociedades).

En consecuencia, no puede existir válidamente la figura de autónomo colaborador familiar simplemente por tratarse de familiar del administrador de una sociedad mercantil. Para que exista autónomo colaborador familiar, la actividad ha de ser desarrollada como empresario individual/persona física y, en su defecto, los requisitos para que la propia esposa del administrador esté en el RETA como colaboradora, deberían venir dados por otra normativa distinta (por ejemplo, socios con participación efectiva cuando así lo exige el texto legal).

Por todo ello, no cabe generalizar la existencia del autónomo colaborador familiar con respecto al mero administrador de una sociedad mercantil; se trataría de una relación laboral o mercantil según las circunstancias efectivas y, en este caso concreto, la calificación correcta fue la laboralidad ordinaria, excluyendo la figura de colaborador familiar autónomo.

‖ b) Parejas de hecho

Tenemos que decir que esta posibilidad es controvertida y posibilitará la contratación como asalariado ordinario o la prestación de servicios como autónomo colaborador dependiendo de las circunstancias que se acrediten.

De inicio, estaría justificado en base a la normativa no equiparar esta situación a la de matrimonio —aún existiendo convivencia— y la pareja de hecho del autónomo titular podría ser contratada **como asalariada/a ordinaria/o** (siempre cumpliendo las especificaciones necesarias para que exista relación laboral). No obstante, son múltiples los supuestos en los que la Tesorería General de la Seguridad Social, entiende que entre persona empleadora y empleada existe una relación familiar análoga a la conyugal, en base a que viven en el mismo domicilio, tienen hijos en común, no se acredita que el emperador abone sueldo alguno a la empleada, etc.

Es indudable que no es posible llegar al extremo de equiparar completamente la relación de pareja de hecho con el matrimonio (que exige una formalización de esta relación). Ahora bien, no se puede olvidar que existirá una comprobación de ciertos datos que serán los que indiquen la existencia (o no) de relación laboral.

A modo de ejemplo citamos lo establecido en la STSJ de Castilla y León, rec. 7/2023, de 10 de noviembre del 2023, ECLI:ES:TSJCL:2023:4435: «(..) por una parte, como ya se ha expresado, existen claros y evidentes indicios de que se ha dado entre las partes (empleador y empleada) una relación sentimental, como es el hecho de haber tenido ambos tres hijos (...) que determina que se haya mantenido una relación duradera a lo largo de muchos años, y sin que sea creíble la explicación dada por los mismos de que querían cumplir los deseos de paternidad-maternidad de los dos; que será cierto, pero siempre teniendo en cuenta una relación de afectividad que ha durado a lo largo del tiempo. Esta relación de afectividad también se demuestra por otros indicios *de extrema importancia, como son que no consta que se haya realizado pago alguno de salario y no es creíble que un salario de la cuantía que se dice abonaba se realice en metálico sin documentar este pago por medio de nóminas o recibís (no se han aportado ni los unos ni los otros); así como también se demuestra por el hecho de que Dña. María Teresa, según sus propias declaraciones, no tiene cuenta bancaria porque dice que no le es necesaria, pero no es creíble que no existiendo ningún tipo de relación afectiva entre empleador y trabajadora no se realice ingreso alguno de las cantidades que se dicen abonadas como salario, cuando el salario, según el contrato de 28 de septiembre de 2011 era de 930 Euros mensuales, el de 4 de diciembre de 2007 de 800 Euros mensuales y el de 27 de abril de 2012 de 850 Euros mensuales*».

En relación a la posibilidad de formalizar la relación de servicios como **autónomo colaborador** la escasa normativa ha variado de criterio como reflejan los cambios de redacción del art. 35 de la LETA (art. 1.8 de la Ley 31/2015, de 9 de septiembre; D.F. 10.ª.1 de la Ley 6/2017, de 24 de octubre y art. 3.5 del Real Decreto-ley 13/2022, de 26 de julio). **Actualmente se permite esta posibilidad.**

|| c) Transmisión del negocio al autónomo colaborador

Si el autónomo colaborador pasase a titular del negocio deberá efectuar el cambio de encuadramiento necesario. En caso de que el nuevo titular no tenga vínculo familiar con el autónomo colaborador, las opciones pasarían porque el nuevo empresario lo diese de alta como trabajador por cuenta ajena, se estableciera como autónomo económicamente dependiente o la extinción del contrato que lo una a la mercantil como autónomo colaborador con la pertinente baja en la seguridad social.

1.2.4. Excepciones en la contratación como autónomo colaborador

Con carácter general, los familiares del empresario hasta el segundo grado por consanguinidad o afinidad quedarán encuadrados en el RETA como colaboradores familiares, salvo que acrediten su condición de trabajadores por cuenta ajena. No obstante, hemos de hacer referencia a **dos excepciones**:

1. Divorcio o cese efectivo de la convivencia

No puede darse válidamente la figura de autónomo colaborador en caso de divorcio y cese efectivo de la convivencia. El vínculo exigido por la figura del autónomo colaborador (parentesco y convivencia) desaparece tras el divorcio, debiendo encuadrarse toda relación laboral futura, en su caso, en el régimen general de la Seguridad Social.

La **STSJ de Cataluña n.° 6888/2013, de 23 de octubre de 2013, ECLI:ES:TSJCAT:2013:10706**, expone que, tras la disolución del matrimonio por divorcio, la demandante (anterior cónyuge colaboradora) fue afiliada al régimen general de la Seguridad Social como trabajadora por cuenta ajena, dejando de estar en el RETA como familiar colaborador. Específicamente, se señala que la condición de autónomo colaborador legalmente exige convivencia. Por tanto, tras el divorcio y el cese de la convivencia, no es posible mantener la figura del autónomo colaborador. La propia sentencia expone que, tras el divorcio, debe formalizarse una relación laboral ordinaria y dar de alta a la persona como trabajadora por cuenta ajena, no como familiar colaborador.

Del mismo modo, según la **STSJ de la C. Valenciana n.° 940/2021, de 6 de julio de 2021, ECLI:ES:TSJCV:2021:4522**, la figura del autónomo colaborador se basa en la convivencia y la dependencia económica del cónyuge colaborador respecto al autónomo titular. En el caso de un divorcio, si se rompe la convivencia y la dependencia económica, se podría argumentar que ya no se cumplen los requisitos para mantener la condición de autónomo colaborador. Esto se refleja en la sentencia del Tribunal Superior de Justicia de la Comunidad Valenciana, que indica que la relación de colaboración puede cesar con la sentencia de divorcio, ya que se rompe la comunidad de intereses y bienes entre los cónyuges. Además, la normativa establece que, para ser considerado autónomo colaborador, el familiar debe convivir en el hogar del autónomo titular y estar a su cargo. Por lo tanto, tras un divorcio, si estas condiciones dejan de cumplirse, el cónyuge colaborador debería causar baja en el RETA.

En resumen, aunque la normativa no establece que el divorcio suponga automáticamente la baja en el RETA, la ruptura de la convivencia y la dependencia económica sí puede llevar a la pérdida de la condición de autónomo colaborador.

RESOLUCIÓN RELEVANTE

STSJ de Murcia n.º 372/2015, de 11 de mayo de 2015, ECLI:ES:TSJMU:2015:1093

Cuando existe un conflicto entre el autónomo titular (en este caso, el propietario de una farmacia) y su cónyuge derivado de un supuesto contrato laboral que, en realidad, oculta un pacto vinculado al divorcio y no existe una verdadera relación laboral, la jurisdicción social es incompetente para conocer tanto de reclamaciones de cantidad como de despido. El Tribunal establece expresamente que, al apreciar la simulación de la relación laboral y la existencia de pactos vinculados a la separación o divorcio, cualquier reclamación relativa a obligaciones derivadas de tales acuerdos debe plantearse ante la jurisdicción civil y no ante la social. En palabras del fallo: «La relación laboral nunca existió y con el contrato de trabajo se simuló una relación laboral inexistente, con la finalidad de dar cobertura a una serie de pactos relacionados con la separación, por lo que el contrato de trabajo es nulo, por fraude de ley (...) la validez de algunas de sus cláusulas, como la relativa a la indemnización pueden ser hechas valer en el orden jurisdiccional civil, así como la validez de los pagos realizados (...)».

Consecuentemente, y según el fallo de la sentencia: «Declarar la incompetencia de este orden jurisdiccional [social] para conocer de las demandas presentadas (...) sin perjuicio del derecho de la actora a accionar ante el orden jurisdiccional civil para reclamar la efectividad de los acuerdos adoptados como consecuencia de su separación del demandado».

2. Contratación de hijo del autónomo titular en el Régimen General

El trabajador autónomo puede contratar a su hijo/a, no obstante, teniendo en cuenta si es mayor o menor de 30 años y la convivencia entre ambos ha de actuarse de diferente manera, siendo posible la contratación como trabajador por cuenta ajena sin derecho a prestación por desempleo (menor de 30 años que conviva con el autónomo principal y dependa de él económicamente), con prestación por desempleo (en caso de demostrarse la independencia económica y falta de convivencia) o como autónomo colaborador.

Sin perjuicio de lo previsto en el apartado anterior, el autónomo titular podrá contratar, como trabajadores por cuenta ajena, a los **hijos menores de 30 años (o mayores de 30 si tienen especiales dificultades para su inserción laboral)**, aunque convivan con ellos. En este caso, del ámbito de la acción protectora dispensada a los familiares contratados quedará excluida la cobertura por desempleo (art. 12.2 de la LGSS y D.A. 10.ª de la LETA).

A TENER EN CUENTA. Los trabajadores autónomos podrán contratar, como trabajadores por cuenta ajena, a los hijos menores de treinta años, aunque convivan con él. En este caso, del ámbito de la acción protectora dispensada a los familiares contratados quedará excluida la cobertura por desempleo. Se otorgará el mismo tratamiento a los hijos que, aun siendo mayores de 30 años, tengan especiales dificultades para su inserción laboral. A estos efectos, se considerará que existen dichas especiales dificultades cuando el trabajador esté incluido en alguno de los grupos siguientes: a) Personas con parálisis cerebral, personas con enfermedad mental o personas con discapacidad intelectual, con un grado de discapacidad reconocido igual o superior al 33 por ciento. b) Personas con discapacidad física o sensorial, con un grado de discapacidad reconocido igual o superior al 33 por ciento e inferior al 65 por ciento, siempre que causen alta por primera vez en el sistema de la Seguridad Social. c) Personas con discapacidad física o sensorial, con un grado de discapacidad reconocido igual o superior al 65 por ciento.

CUESTIÓN

¿Qué sucede cuando el hijo del autónomo colaborador cumple 30 años y se encuentra contratado por cuenta ajena?

Cumplida la edad indicada, para que tales familiares puedan continuar incluidos como trabajadores por cuenta ajena en el régimen de la Seguridad Social que corresponda, será necesario presentar la declaración señalada en el texto anterior en el plazo de los 30 días naturales siguientes al del cumplimiento de dicha edad.

En estos supuestos, los hijos que convivan con los trabajadores autónomos no cotizarán por la contingencia de desempleo hasta que cumplan la edad de 30 años.

RESOLUCIÓN RELEVANTE

STSJ de Andalucía, rec. 46/2018, de 28 de marzo de 2019, ECLI:ES:TSJAND:2019:1729

«La interpretación conjunta de los preceptos antes mencionados [art. 12.2 de la LGSS y D.A. 10.ª del Estatuto del Trabajo Autónomo] conduce a estimar que el hijo menor de 30 años que convive con su padre y empleador, puede ser contratado por éste como trabajador por cuenta ajena, sin que ello implique una presunción de inexistencia de relación laboral, si bien queda excluido de la protección por desempleo; pero que el hijo menor de 30 años contratado por su padre, que no convive con él y que goza de independencia económica, mantiene una relación laboral que despliega toda su eficacia en el ámbito de protección de la seguridad social, incluida la prestación por desempleo».

2.
FORMALIZACIÓN DE LA PRESTACIÓN DE SERVICIOS ENTRE AUTÓNOMO TITULAR Y AUTÓNOMO COLABORADOR

No es necesario formalizar o registrar un contrato ya que la relación se basa en la colaboración familiar y se regula mediante contrato mercantil y no laboral. Desde un punto de vista formal **solo resulta exigible el alta del autónomo familiar colaborador en el RETA, pero es recomendable la formalización por escrito** de un contrato mercantil entre las partes especificando las tareas, responsabilidades y contraprestaciones económicas.

Dentro del contexto analizado, el contrato adecuado para la prestación de servicios entre autónomos familiares es el contrato de arrendamiento de servicios. Este contrato se caracteriza por la obligación de una de las partes (autónomo familiar colaborador) de realizar una obra o prestar un servicio a la otra parte (autónomo titular) a cambio de un precio cierto. Aunque este tipo de contrato está recogido en el artículo 1544 del Código Civil, al celebrarse entre profesionales, adquiere carácter mercantil.

Normativa aplicable: al tratarse de un contrato mercantil, se regirá principalmente por lo dispuesto en el Código de Comercio. En aspectos no regulados específicamente por este código, se aplicarán de manera supletoria las disposiciones del Código Civil

Cláusulas y estipulaciones: un contrato de prestación de servicios entre autónomos debe incluir cláusulas claras sobre la naturaleza de los servicios a prestar, la remuneración, la duración del contrato, las condiciones de terminación y cualquier otra estipulación relevante. Es importante que ambas partes reconozcan su capacidad para contratar y obligarse, y que el contrato refleje de manera precisa los términos acordados

No debemos olvidar que esta figura tiene bonificaciones en las cuotas de autónomos ni que el familiar autónomo colaborador no está obligado a realizar las declaraciones fiscales habituales de los autónomos (trimestral de IVA, IRPF), por lo que es posible encontrarnos con requerimientos de la inspección de trabajo o hacienda para verificar cualquier aspecto de la prestación efectiva de servicios.

Del mismo modo:

- La **cuota del autónomo** representará uno de los principales compromisos económicos del autónomo colaborador, por lo que el compromiso de pago por el autónomo titular, si existe, también debería formalizarse por escrito. Si el autónomo titular se hace cargo del abono de esta, supondrá una retribución en especie y uno de los dos —autónomo titular o colaborador— podrá deducirla.

- **Prestación de servicios.** La relación no está sujeta a convenio colectivo o regulación laboral. De esta forma, la realidad y características de la relación laboral-familiar en procedimientos administrativos o judiciales donde sea necesario probar la jornada y funciones específicas desarrolladas por el autónomo colaborador solo puede derivar de una declaración del autónomo titular o de las pruebas que se puedan aportar.

- **Retribución.** La prestación de servicios puede no estar sujeta a remuneración. No obstante, en la práctica el autónomo colaborador ocupará un puesto y desarrollará una serie de funciones dentro del negocio por lo que debería percibir una retribución como cualquier otro trabajador.

  Lo normal sería que el colaborador reciba una nómina donde se reflejen los ingresos como rendimiento del trabajo, por lo que es recomendable pactar por escrito un salario y la forma de recibirlo. (RDGT n.º V0552-24, de 9 de abril de 2024).

- **Relación no laboral:** es fundamental que el contrato especifique que la relación entre las partes es de carácter mercantil y no laboral, para evitar confusiones y posibles reclamaciones laborales. Esto implica que no existe un vínculo de subordinación ni dependencia entre las partes, y que el prestador de servicios actúa de manera autónoma.

3.
ALTA, COTIZACIÓN Y BONIFICACIONES EN LA SEGURIDAD SOCIAL DE LOS AUTÓNOMOS COLABORADORES

Analizamos la regulación del alta, cotización mínima y bonificaciones para familiares en el RETA autónomos colaboradores.

3.1. Afiliación, alta y baja. Pasos para darse de alta como colaborador

Cumplidos los requisitos necesarios para la posibilidad de alta en el RETA como autónomo colaborador, el trámite resulta más sencillo que para el autónomo ordinario. Para darse de alta en la Seguridad Social como familiar colaborador es necesario presentar en la Seguridad Social o a través de su sede electrónica el modelo TA.0521/2 (Solicitud de alta, baja o variación de datos en el régimen especial de autónomos-Familiar colaborador del titular de la explotación), no siendo necesario darse de alta en Hacienda.

Como documentación complementaria será necesario aportar:

- Libro de familia.
- DNI del autónomo titular y del autónomo familiar colaborador.
- Copia del alta en Hacienda autónomo titular del negocio.
- Una declaración del autónomo titular en la que se haga constar la condición de éste como trabajador por cuenta propia en la actividad que da lugar al encuadramiento en el RETA sin que exista relación laboral. Asimismo, el autónomo titular deberá consignar si se encuentra de alta en el RETA desarrollando su actividad o limitando su actuación al mero desempeño de las funciones inherentes a la titularidad del negocio por alguna circunstancia. En el caso de baja en la seguridad social, junto al citado modelo se consignará otra declaración similar por parte del autónomo titular en la que se haga constar la fecha exacta de finalización de la actividad por el autónomo familiar.

La cobertura de las contingencias profesionales (accidentes de trabajo y enfermedades profesionales) debe formalizarse obligatoriamente con una mutua colaboradora con la Seguridad Social en el momento de causar alta en el Régimen Especial de los Trabajadores por Cuenta Propia o Autónomos (art. 47 del Real Decreto 84/1996, de 26 de enero).

3.2. Cotización del autónomo colaborador

Deben darse de alta como autónomo colaborador:

Familiares directos del autónomo principal siempre que se trate de: • Cónyuge, pareja de hecho y familiares de trabajadores autónomos por consanguinidad o afinidad hasta el segundo grado inclusive y, en su caso, por adopción.		Estén ocupados en su centro o centros de trabajo de forma habitual.
		No se trate de una colaboración puntual.
		Convivan en el hogar y estén a cargo del autónomo principal.
		No estén dados de alta como trabajadores por cuenta ajena.
Excepciones	Hijos menores 30 años.	El autónomo titular puede optar a su elección entre:	Autónomo colaborador.
	Hijos mayores de 30 años con especiales dificultades para la inserción laboral: • Con parálisis cerebral, personas con enfermedad mental o personas con discapacidad intelectual, con un grado de discapacidad reconocido igual o superior al 33 por ciento. • Con discapacidad física o sensorial, con un grado de discapacidad reconocido igual o superior al 33 por ciento e inferior al 65 por ciento, siempre que causen alta por primera vez en el sistema de la Seguridad Social. • Con discapacidad física o sensorial, con un grado de discapacidad reconocido igual o superior al 65 por ciento.		Contratación por cuenta ajena en el Régimen General.
	Contrato de trabajo indefinido de familiar del trabajador autónomo: aplicable desde el 26 de octubre de 2017 hasta el 31 de agosto de 2023 (actualmente no vigente).		

> **A TENER EN CUENTA**. A pesar de que la redacción del actual art. 35 de la LETA, no establece la necesidad de que el familiar colaborador conviva y esté al cargo del titular del negocio; el requisito en base al art. 12 de la LGSS— y ante el vacío normativo de convivencia y dependencia— continúa siendo aplicable.

Tras la implantación del sistema de cotización según los rendimientos netos anuales (RD-ley 13/2022, de 26 de julio), este colectivo [art. 305.2.k) de la LGSS] deberá tener una cotización mínima igual al grupo de cotización 7 del RGSS. Es decir, no podrán elegir una base de cotización mensual inferior a aquella que determine la correspondiente Ley de Presupuestos Generales del Estado como base de cotización mínima para contingencias comunes para los trabajadores incluidos en el Régimen General de la Seguridad Social del grupo de cotización 7.

De forma transitoria, la base de cotización mensual no podrá ser inferior a (D.T. 7.ª del RD-ley 13/2022, de 26 de julio):

- **Años 2025**: 1.000 euros. (Art. 18.4 de la Orden PJC/178/2025, de 25 de febrero).
- **A partir del año 2026**: se aplicará lo establecido en la regla 4.ª del artículo 308.1.a) y regla 5.ª del artículo 308.1.c) del texto refundido de la Ley General de la Seguridad Social.

3.3. Bonificaciones por altas de familiares colaboradores de trabajadores autónomos

Siguiendo el art. 35 de la LETA, el cónyuge, pareja de hecho y familiares de trabajadores autónomos por consanguinidad o afinidad hasta el segundo grado inclusive y, en su caso, por adopción, que se incorporen al RETA —siempre y cuando no hubieran estado dados de alta en el mismo en los **5 años inmediatamente anteriores** y colaboren con ellos mediante la realización de trabajos en la actividad de que se trate—, tendrán **derecho a una bonificación durante los 24 meses siguientes a la fecha de efectos del alta**, equivalente al:

- **50 por ciento durante los primeros 18 meses.**
- **25 por ciento durante los 6 meses siguientes.**

> **A TENER EN CUENTA**. La bonificación se aplicará sobre la cuota por contingencias comunes correspondiente a la base mínima de cotización del tramo 1 de la tabla general de bases, conforme a lo previsto en la regla 1.ª del artículo 308.1.a) del texto refundido de la Ley General de la Seguridad Social.

CUESTIÓN

1. ¿Qué requisitos han de cumplirse para el acceso a las bonificaciones por altas de familiares colaboradores de trabajadores autónomos?

Alta inicial en el RETA o no haber estado en situación de alta en los cinco años inmediatamente anteriores a contar desde la fecha de efectos de alta, en el RETA

2. ¿Cómo se acredita la consideración de familiares a efectos de bonificación?

Se considerará pareja de hecho la constituida, con análoga relación de afectividad a la conyugal, por quienes, no hallándose impedidos para contraer matrimonio, no tengan vínculo matrimonial con otra persona y acrediten, mediante el correspondiente certificado de empadronamiento, una convivencia estable y notoria y con una duración ininterrumpida no inferior a cinco años.

La existencia de pareja de hecho se acreditará mediante certificación de la inscripción en alguno de los registros específicos existentes en las comunidades autónomas o ayuntamientos del lugar de residencia o mediante documento público en el que conste la constitución de dicha pareja.

3.4. Responsabilidad subsidiaria del autónomo titular

El trabajador autónomo que sea titular del negocio industrial o mercantil o de la explotación agraria o marítimo-pesquera responderá subsidiariamente del cumplimiento de las obligaciones de afiliación, alta, baja y comunicación de variaciones de datos que correspondan a los familiares que, por realizar una actividad en tal negocio o explotación, estén comprendidos en el campo de aplicación del Régimen Especial de los Trabajadores por Cuenta Propia o Autónomos y, como trabajadores por cuenta propia, del Régimen Especial de los Trabajadores del Mar.

Asimismo, responderán subsidiariamente del cumplimiento de dichas obligaciones las sociedades colectivas, así como las sociedades comanditarias con respecto a sus socios colectivos y las cooperativas de trabajo asociado, cuando proceda la inclusión de unos y otros en el correspondiente régimen especial.

El plazo para el cumplimiento de tales obligaciones será de seis días contados a partir del siguiente al agotamiento del término establecido o el superior concedido por la Tesorería General de la Seguridad Social para el cumplimiento de tales obligaciones por los obligados principales y éstos las hubieren incumplido (art. 43.2 del Real Decreto 2064/1995, de 22 de diciembre).

4.
RETRIBUCIÓN Y FISCALIDAD DEL AUTÓNOMO FAMILIAR COLABORADOR

La retribución del autónomo colaborador se considera como rendimientos del trabajo a efectos del IRPF, similar a la de un trabajador por cuenta ajena, y está sujeta a retención. Además, estas retribuciones pueden ser deducibles para el autónomo titular siempre que no superen el valor de mercado correspondiente a la cualificación y trabajo desempeñado del colaborador. Por último, el autónomo colaborador no tiene que liquidar el IVA trimestralmente ni realizar pagos fraccionados del IRPF, ya que tributa como un asalariado.

4.1. ¿Cómo y cuánto cobra un autónomo colaborador?

El autónomo colaborador tiene una forma de retribución y fiscalidad particular. Cobra como rendimiento del trabajo y sin nómina obligatoria.

1. «Salario» del autónomo colaborador

Si el autónomo colaborador está integrado en la organización del trabajo con una jornada, tareas y responsabilidades específicas, cobrará una cantidad de forma regular. Esta cantidad se declarará como rendimientos del trabajo, similar a cualquier trabajador por cuenta ajena, y para el empleador se considerará un gasto deducible.

Estos gastos deben estar debidamente justificados y recogidos en la declaración fiscal (en este caso, el IRPF del año correspondiente), debiendo constar expresamente en la documentación aportada y cumpliendo con las exigencias de las normas tributarias y de contabilidad, tal y como establece el artículo 332.1 de la LGSS y el artículo 30 de la LIRPF.

Fuera de los requisitos necesarios para la deducción tanto del salario como de la cuota del RETA que se abone al autónomo colaborador ninguna premisa establece la normativa sobre la cantidad a percibir. Con carácter general, las retribuciones del autónomo colaborador no pueden superar el valor de mercado correspondiente a la cualificación y el trabajo desempeñado debido a la normativa fiscal y de seguridad social vigente, dado que, según el artículo 30.2 de la LIRPF, para que las retribuciones pagadas al cónyuge o hijos menores del contribuyente que convivan con él sean deducibles, estas no deben ser superiores a las de mercado correspondientes a su cualificación profesional y trabajo desempeña.

Este requisito se establece para evitar que se utilicen relaciones familiares para inflar artificialmente los gastos deducibles y reducir la base imponible del autónomo titular. La normativa busca asegurar que las retribuciones sean razonables y equivalentes a las que se pagarían a un trabajador independiente con la misma cualificación y responsabilidades, garantizando así la equidad y la correcta tributación. (Resolución Vinculante de la DGT n.º V2489-24 de 09 de diciembre de 2024, Resolución Vinculante de la DGT n.º V1715-24 de 11 de julio de 2024, Resolución Vinculante de la DGT n.º V1164-24 de 23 de mayo de 2024, Resolución Vinculante de la DGT n.º V1753-22 del 22 de julio de 2022, Resolución Vinculante de la DGT n.º V0616-22 de 23 de marzo de 2022, entre otras).

2. ¿Debe tener nómina el autónomo colaborador?

Por norma general, ningún autónomo tiene nómina. Los ingresos de estos profesionales derivan de las facturas que emiten a sus clientes. No obstante, al igual que sucede con los autónomos societarios, cuando hablamos de autónomos colaboradores suele aparecer la referencia a una nómina reflejando lo que podría denominarse un reparto interno de los ingresos del negocio, pero no un salario.

La normativa tanto laboral como de Seguridad Social considera los trabajadores familiares como distintos de los trabajadores por cuenta ajena ya que los ve como colaboradores que, aún a pesar de recibir una posible contraprestación, que en sí constituya una participación en los rendimientos económicos de la actividad en la que coadyuvan, corren igualmente con los riesgos (*sino de iure si de facto)* de aquella actividad, no respondiendo al resto de condicionantes propios de la relación laboral pura de la cuenta ajena (dependencia, subordinación, ámbito de organización y dirección) pues la normativa parece presuponer la existencia de un fondo familiar común (e incluso con independencia del régimen económico matrimonial) que actúa como sostén económico de la unidad familiar y da pauta para entender incumplido la nota o característica de ajenidad. (STSJ del País Vasco, rec. 504/2011. de 29 de marzo de 2011, ECLI:ES:TSJPV:2011:302).

Legalmente los autónomos colaboradores no tienen obligación de recibir una nómina en sentido estricto como los trabajadores por cuenta ajena. Por tanto, el autónomo colaborador no tiene, en principio, derecho ni obligación de que se le expida nómina, ya que su relación es civil/mercantil y no propiamente laboral (STSJ de Cataluña, rec. 7263/2022, de 13 de abril del 2023, ECLI:ES:TSJCAT:2023:3903). No obstante, a pesar de no tratarse de una nómina al uso, es recomendable **documentar la entrega de cantidades a efectos fiscales y contables reflejando:**

- **Sueldo bruto:** el importe acordado con el autónomo titular del negocio. Estas cantidades deben reflejar una cuantía en línea con la categoría y el convenio que regule su actividad profesional.

- **Retenciones de IRPF:** En función de las circunstancias personales del autónomo colaborador.

- **Cuota de autónomo:** Aunque generalmente es asumida por el colaborador, si el titular la paga, se considera una retribución en especie y un gasto deducible para él. Esto implica que la nómina refleje claramente esta condición. En el caso de los autónomos familiares debemos recordar la existencia de una base mínima con carácter anual como hemos analizado.

- **Base de cotización:** La base sobre la que se calcula la cotización a la Seguridad Social.

- **Importe neto a percibir:** El resultado de restar las deducciones del sueldo bruto.

> **RESOLUCIÓN RELEVANTE**
>
> **STSJ de Canarias, rec. 238/2014,de 10 de febrero de 2015, ECLI:ES:TSJICAN:2015:1843**
>
> La sala, ante estas circunstancias de hecho, comparte la conclusión alcanzada por la sentencia de instancia a la hora de calificar la prestación de servicios de la demandante como laboral y no como colaboradora familiar, pues si bien notas como la dependencia (la sujeción a un horario de trabajo y a las instrucciones del titular del negocio) no excluirían que los trabajos fueran familiares, en cambio la falta de convivencia entre la actora y el demandado, y el hecho de percibirse retribuciones periódicas fijas, en cuantía no muy diferente a la que correspondería a un camarero conforme al convenio colectivo de hostelería, permiten inferir que la prestación de servicios de la demandante tenía la nota de ajenidad que distingue el trabajo por cuenta ajena del trabajo familiar. Esto determina que proceda la total desestimación del recurso y la confirmación de la sentencia de instancia.

4.2. Fiscalidad del autónomo colaborador

A pesar de que el autónomo colaborador cotiza a la Seguridad Social como autónomo, su fiscalidad presenta particularidades con respecto a la de cualquier otro autónomo. Así, para el autónomo colaborador, las retribuciones que obtenga tendrán la consideración de **rendimientos del trabajo** a los efectos de su IRPF. Unos rendimientos del trabajo que estarán sometidos a retención, salvo que resulte de aplicación el límite excluyente de la obligación de retener recogido en el artículo 81 del RIRPF. Esto es, presentará su declaración de la renta en los mismos términos que cualquier trabajador o empleado por cuenta ajena.

En ese mismo sentido, cabe señalar que no estará obligado a presentar las declaraciones o liquidaciones correspondientes al IVA (tendrá que hacerlo el autónomo titular).

CUESTIÓN

¿El autónomo colaborador podrá deducirse las cuotas del RETA que satisfaga?

Las cotizaciones al RETA que corresponda realizar al autónomo colaborador por el desempeño de sus funciones tendrán para él la consideración de gasto deducible para la determinación del rendimiento neto del trabajo, conforme al artículo 19.2.a) de la LIRPF, a cuyo tenor:

«1. El rendimiento neto del trabajo será el resultado de disminuir el rendimiento íntegro en el importe de los gastos deducibles.

2. Tendrán la consideración de gastos deducibles exclusivamente los siguientes:

a) Las cotizaciones a la Seguridad Social o a mutualidades generales obligatorias de funcionarios.

(...)».

RESOLUCIÓN ADMINISTRATIVA

Consulta vinculante de la Dirección General de Tributos (V2489-24), de 9 de diciembre de 2024

Asunto: calificación del salario cobrado por el cónyuge autónomo colaborador y de sus cuotas del RETA que satisfaga el titular en el IRPF del colaborador.

«(...) las retribuciones obtenidas por el cónyuge o hijos menores tendrán para estos la consideración de rendimientos del trabajo, rendimientos que estarán sometidos a la retención por el titular de la actividad económica. Esta doble calificación procede hacerla extensible también a las cotizaciones al Régimen de Autónomos correspondientes al cónyuge, en cuanto fueran satisfechas por el titular de la actividad».

---

1. Deducibilidad de la retribución del autónomo colaborador y de su cuota de autónomos si la paga el titular

El artículo 30.2 de la LIRPF, que recoge unas normas especiales para la determinación del rendimiento neto en estimación directa, establece en su regla 2.ª que «cuando resulte debidamente acreditado, con **el oportuno contrato laboral y la afiliación al régimen correspondiente de la Seguridad Social**, que el **cónyuge o los hijos menores del contribuyente que convivan con él, trabajan habitualmente y con continuidad** en las actividades económicas desarrolladas por el mismo, se deducirán, para la determinación de los rendimientos, las retribuciones estipuladas con cada uno de ellos, siempre que **no sean superiores a las de mercado correspondientes a su cualificación profesional y trabajo desempeñado**. Dichas cantidades se considerarán obtenidas por el cónyuge o los hijos menores en concepto de rendimientos de trabajo a todos los efectos tributarios».

Según viene entendiendo la Dirección General de Tributos, el requisito de afiliación al régimen correspondiente de la Seguridad Social debe entenderse referido al régimen general o a aquellos regímenes especiales aplicables a determinados sectores de trabajadores por cuenta ajena (el Agrario, el de Trabajadores del mar, el de Empleados de hogar, etc.). A su juicio, por tanto, la afiliación a la Seguridad Social deberá realizarse a través del régimen que como trabajador por cuenta ajena le corresponda, no siendo válida la afiliación al Régimen Especial de Trabajadores Autónomos, ya que este no permite la afiliación de asalariados.

Con todo, hay que tener presente que el artículo 12.1 de la LGSS determina que «a efectos de lo dispuesto en el artículo 7.1, no tendrán la consideración de trabajadores por cuenta ajena, salvo prueba en contrario: el cónyuge, los descendientes, ascendientes y demás parientes del empresario, por consanguinidad o afinidad hasta el segundo grado inclusive y, en su caso, por adopción, ocupados en su centro o centros de trabajo, cuando convivan en su hogar y estén a su cargo».

Así las cosas, la Dirección General de Tributos mantiene el siguiente criterio con respecto a la deducibilidad de las retribuciones satisfechas al autónomo colaborador [consulta vinculante (V2489-24), de 9 de diciembre de 2024; aunque es un criterio que se reitera en otras muchas consultas vinculantes, como la (V1715-24), de 11 de julio de 2024; la (V1164-24), de 23 de mayo de 2024; o la (V0479-23), de 1 de marzo de 2023]:

> «La posibilidad de que la Seguridad Social pudiera no admitir la afiliación del cónyuge o hijos menores al Régimen General, **rechazando por escrito la solicitud e incluyéndolos en el Régimen Especial de Trabajadores Autónomos**, ha llevado a este Centro directivo a interpretar en dicho supuesto que **si el titular de la actividad puede probar que el cónyuge o los hijos menores trabajan en la actividad en régimen de dependencia laboral y se cumplen los restantes requisitos del mencionado artículo 30**, en tales casos las retribuciones al cónyuge o hijos menores tendrían la consideración de **gasto deducible**.
>
> En correspondencia con esta calificación, las retribuciones obtenidas por el cónyuge o hijos menores tendrán para estos la consideración de rendimientos del trabajo, rendimientos que estarán sometidos a la retención por el titular de la actividad económica. Esta doble calificación procede hacerla extensible también a las cotizaciones al Régimen de Autónomos correspondientes al cónyuge, en cuanto fueran satisfechas por el titular de la actividad.
>
> Completando lo anterior, cabe indicar que si de acuerdo con lo expuesto las retribuciones al cónyuge no tuvieran la consideración de deducibles, las mismas tampoco tendrían la consideración de rendimientos para el perceptor».

Por lo tanto, si se cumplen los requisitos generales de deducibilidad de los gastos y el autónomo titular puede probar que el autónomo colaborador que sea cónyuge o hijo trabaja en la actividad en régimen de dependencia laboral y se dan las condiciones del artículo 30 de la LIRPF, las retribuciones que les abone tendrán la consideración de gasto deducible para el autónomo titular. Paralelamente, para el propio autónomo colaborador, esas retribuciones tendrán la consideración, a los efectos de su IRPF, de rendimientos de trabajo, que estarán sometidos a retención salvo que resulte de aplicación el límite cuantitativo excluyente de la obligación de retener (artículo 81 del RIRPF). Y lo mismo sucedería con las cuotas del RETA correspondientes al colaborador que abone el propio titular de la actividad.

Cuando el **autónomo colaborador no sea cónyuge o hijo menor del autónomo titular, la Dirección General de Tributos también admite su deducibilidad, siempre que se cumplan los requisitos generales de deducibilidad** de los gastos y, en particular, que pueda acreditarse la correlación con la actividad desarrollada. Así, por ejemplo, en su consulta vinculante (V1753-22), de 22 de julio de 2022, analizando un supuesto de contratación del cuñado como autónomo colaborador, sobre la base de los artículos 28.1, 30 y 31 de la LIRPF, el artículo 30 del RIRPF y el artículo 10.3 de la LIS, dictaminó lo siguiente:

> «(...) cabe concluir que **los salarios que se satisfagan al cuñado del consultante por desarrollar su trabajo en régimen de dependencia tendrán la consideración de gasto deducible a efectos de la determinación del rendimiento neto de la actividad**.
>
> De acuerdo con lo anterior, la deducibilidad de los gastos está condicionada por el principio de su correlación con los ingresos, de tal suerte que aquéllos respecto de los que se acredite que se han ocasionado en el ejercicio de la actividad, que estén relacionados con la obtención de los ingresos, serán deducibles, en los términos previstos en los preceptos legales antes señalados, mientras que cuando no exista esa vinculación o no se probase suficientemente no podrían considerarse como fiscalmente deducibles de la actividad económica. Además del requisito de que el gasto esté vinculado a la actividad económica desarrollada, deberán los gastos, para su deducción, cumplir los requisitos de correcta imputación temporal, de registro en la contabilidad o en los libros registros que el contribuyente deba llevar, así como estar convenientemente justificados
>
> Esta correlación deberá probarse por cualquiera de los medios generalmente admitidos en derecho, siendo competencia de los correspondientes servicios de la Agencia Estatal de la Administración Tributaria la valoración de las pruebas aportadas.
>
> Por otra parte, el cuñado tendrá un rendimiento íntegro de trabajo por el importe de las cantidades percibidas como colaborador del titular de la actividad, dado que no ejerce ninguna actividad económica por cuenta propia».

En el mismo sentido se pronunciaba también, por ejemplo, la previa consulta vinculante de la DGT (V0616-22), de 23 de marzo de 2022, en un caso de contratación de una hermana como autónoma colaboradora.

RESOLUCIÓN ADMINISTRATIVA

Consulta vinculante de la Dirección General de Tributos (V0552-24), de 9 de abril de 2024

Asunto: supuesto de cónyuge autónomo colaborador que no percibe retribución por acuerdo entre las partes, tratamiento en su IRPF y posibilidad de que se deduzca las cuotas del RETA satisfechas.

«(...) los rendimientos que pudieran corresponder al consultante por la prestación de servicios como colaborador en la actividad económica desarrollada por su cónyuge tendrían la calificación de rendimientos del trabajo, al identificarse con el concepto que de estos rendimientos se recoge en el artículo 17.1 de la Ley 35/2006, de 28 de noviembre (...).

No obstante, la falta de retribución nos conduce al artículo 6.5 de la LIRPF, donde se determina que "se presumirán retribuidas, salvo prueba en contrario, las prestaciones de bienes, derechos o servicios susceptibles de generar rendimientos del trabajo o del capital".

Por tanto, si se prueba que la colaboración prestada por el consultante a su cónyuge no es retribuida, aquel no obtendría rendimientos del trabajo a integrar en la base imponible general del Impuesto. En caso de no probarse la ausencia de retribución, la presunción de retribución del artículo 6.5 conduce, respecto a su valoración al artículo 40.1 de la misma ley:

*"La valoración de las rentas estimadas a que se refiere el artículo 6.5 de esta ley se efectuará por el **valor normal en el mercado**. Se entenderá por éste la contraprestación que se acordaría entre sujetos independientes, salvo prueba en contrario".*

Por otra parte, la calificación anterior nos lleva, respecto a la deducibilidad de las cotizaciones a la Seguridad Social satisfechas por el consultante, al artículo 19 de la Ley del Impuesto, donde se establece lo siguiente:

"1. El rendimiento neto del trabajo será el resultado de disminuir el rendimiento íntegro en el importe de los gastos deducibles.

2. Tendrán la consideración de gastos deducibles exclusivamente los siguientes:

a) Las cotizaciones a la Seguridad Social o a mutualidades generales obligatorias de funcionarios.

(...)".

*Por tanto, las cotizaciones al "Régimen de Autónomos" que corresponda realizar al consultante por el desempeño de sus funciones tendrán para aquél la consideración de gasto **deducible para la determinación del rendimiento neto del trabajo**, pudiendo resultar este tipo de rendimientos negativos si el consultante no obtiene por este concepto ingresos íntegros que superen las cuotas abonadas».*

5.
COMPATIBILIDAD DE LA CONDICIÓN DE AUTÓNOMO FAMILIAR COLABORADOR CON OTRAS ACTIVIDADES O CON EL TRABAJO A CUENTA AJENA

El autónomo colaborador no es compatible con el trabajo ajeno, puede capitalizar el paro y goza de las mismas prestaciones si cumple los requisitos legales.

La prestación de servicios como autónomo colaborador no es compatible con el trabajo por cuenta ajena. Según la normativa vigente, los familiares que ya estén dados de alta en la Seguridad Social como trabajadores por cuenta ajena no pueden darse de alta como autónomos colaboradores.

Por otro lado, un autónomo puede ejercer varias actividades simultáneamente, siempre y cuando se cumplan con las obligaciones de comunicación a la Seguridad Social y Hacienda. En este caso, el alta en el Régimen Especial de Trabajadores Autónomos (RETA) será única, debiendo declarar todas las actividades en la solicitud de alta o mediante la correspondiente variación de datos.

6.
PRESTACIONES

Con carácter general, un **autónomo familiar colaborador tiene acceso a las mismas prestaciones de la Seguridad Social que un autónomo por cuenta propia ordinario** siempre que cumpla con los requisitos específicos de cotización y demás condiciones para cada tipo de prestación.

La normativa no aborda de forma expresa el acceso a prestaciones por parte de un autónomo colaborador familiar de forma que en este apartado iremos analizando las distintas prestaciones desde el enfoque aplicado a los autónomos clásicos, pero concretando aspectos, si existen, que puedan causar dudas para el colectivo analizado.

1. Incapacidad temporal

Los requisitos para acceder a esta prestación por incapacidad temporal son los mismos que para el autónomo ordinario:

- Estar de alta o en situación asimilada al alta.

- Haber cotizado un mínimo de 180 días durante los últimos 5 años.

- Estar al corriente en el pago de las cuotas. En caso de accidente y de enfermedad profesional, no se exige periodo previo de cotización.

La **cuantía** del subsidio será el resultado de aplicar sobre la base reguladora, los siguientes porcentajes (arts. 10-11 del Real Decreto 1273/2003, de 10 de octubre):

1. Con carácter ordinario, desde el día cuarto al vigésimo de la baja, ambos inclusive, en la actividad laboral, el 60 por ciento. A partir del día vigésimo primero, el 75 por ciento.

   En los supuestos en que el interesado hubiese optado por la cobertura de las contingencias profesionales y el subsidio se hubiese originado a causa de un accidente de trabajo o enfermedad profesional, el 75 por ciento desde el día siguiente al que se produjese la baja.

2. La **base reguladora de la prestación** estará constituida por la base de cotización del trabajador correspondiente al mes anterior al de la baja, dividida entre 30. Dicha base se mantendrá durante todo el proceso de incapacidad temporal, incluidas las **recaídas**, salvo que

el interesado hubiese optado por una base de cotización de cuantía inferior, en cuyo caso se tendrá en cuenta esta última.

3. En procesos de incapacidad temporal será obligación de los trabajadores por cuenta ajena presentar, a la entidad gestora la copia de los partes médicos de baja, confirmación de la baja o alta, utilizando para ello la copia destinada a la empresa, en un plazo de cinco días desde la expedición del parte.

4. Los trabajadores por cuenta propia o autónomos en situación de incapacidad temporal tienen la obligación de presentar en el plazo de 15 días desde el inicio de la situación ante la entidad conveniente, a la par del parte médico de baja, una declaración sobre la persona que gestionará el establecimiento del que es titular, o de producirse, de cese temporal o definitivo de la actividad.

5. La dirección provincial del Instituto Nacional de la Seguridad Social es la **facultada para declarar la incapacidad temporal** y la dirección provincial de la TGSS o la mutua de accidentes de trabajo y enfermedades profesionales, en la que hubiese formalizado la cobertura de la prestación por estas circunstancias, serán los **encargados del pago. (STS, rec. 4509/2007, de 22 de septiembre de 2009, ECLI:ES:TS:2009:6490).**

	Día 1.º - 3.º (ambos inclusive):	No se cobra.
Carácter ordinario	Día 4.º - 20.º (ambos inclusive):	60 por 100 BR.
	A partir del día 21.º:	75 por 100 BR.
IT por AT o EP • Con cobertura de las contingencias profesionales.	Desde el día siguiente al de la baja:	75 por 100 BR.
Base reguladora	BC mes anterior a la baja / 30:	Todo el proceso de incapacidad temporal (incluidas las recaídas). Si el interesado hubiese optado por una base de cotización de cuantía inferior se tendrá en cuenta esta.

Los autónomos solo tienen que pagar su cuota los dos primeros meses de baja por incapacidad temporal (art. 309.2 de la LGSS y orden anual de cotización). En la situación de incapacidad temporal con derecho a prestación económica, transcurridos 60 días en dicha situación desde la baja médica, corresponderá hacer efectivo el pago de las cuotas, por todas las contingencias, a la mutua colaboradora con la Seguridad Social, a la entidad gestora o, en su caso, al servicio público de empleo estatal, con cargo a las cuotas por cese de actividad. Es decir:

- Dos primeros meses de IT con derecho a prestación (60 días): se abona la cuota por parte del autónomo. La base de cotización mensual aplicada adquirirá carácter definitivo y no será objeto de la regularización [art. 308.1.c) de la LGSS].

- Transcurridos los dos primeros meses de IT con derecho a prestación (a partir del día 61): las cuotas (por todas las contingencias) las paga la mutua o SEPE (art. 309.2 de la LGSS).

CUESTIÓN

¿Podrían acceder las autónomas colaboradoras a las prestaciones por incapacidad temporal vinculadas a la salud sexual y reproductiva?

Sí. A pesar de que los cambios normativos realizados por Ley Orgánica 1/2023, de 28 de febrero, para la regulación de las nuevas bajas por menstruación incapacitante, interrupción del embarazo y desde la semana trigésima novena de gestación, afectan a la regulación de la IT con carácter general, no se ha especificado por el momento que se vaya a producir algún tipo de diferencia por regímenes. (Criterio del INSS n.º 14/2023, de 1 de junio de 2023).

RESOLUCIÓN RELEVANTE

STSJ de Cataluña, rec. 865/2016, de 10 de mayo de 2016, ECLI:ES:TSJCAT:2016:4091

Si no se acredita la percepción de ingresos ni la efectiva prestación de servicios habituales durante la inscripción en el RETA como familiar colaborador puede considerarse la existencia de fraude de ley, atendiendo a las reglas del criterio humano y en virtud de los elementos objetivos concurrentes en cada caso. El Tribunal destaca que, aunque la inclusión de familiares en el RETA no exige retribución (a diferencia del Régimen General), sí es imprescindible la concurrencia de la nota de habitualidad, conforme al artículo 3.b) del Decreto 2530/1970, es decir, que se presten servicios efectivos y habituales para la empresa familiar, y no una mera colaboración esporádica o inexistente.

2. Prestaciones por nacimiento de hijo y riesgo durante el embarazo o lactancia natural

‖ a) Nacimiento y cuidado de menor

El derecho a esta prestación se establece con la misma extensión y en los mismos términos y condiciones que los previstos para los trabajadores del Régimen General (arts. 177-182 de la LGSS, excepto lo regulado en el art. 179.1 y 2).

La prestación económica por nacimiento y cuidado de menor consistirá en un **subsidio equivalente al 100 por ciento de una base reguladora cuya cuantía diaria será el resultado de dividir la suma de las bases de cotización acreditadas a este régimen especial durante los seis meses inmediatamente anteriores al mes previo al del hecho causante entre ciento ochenta** (art. 318 de la LGSS).

De no haber permanecido en alta en el régimen especial durante la totalidad del referido período de seis meses, la base reguladora será el resultado de dividir las bases de cotización al régimen especial acreditadas en los seis meses inmediatamente anteriores al mes previo al del hecho causante entre los días en que el trabajador haya estado en alta en dicho régimen dentro de ese período.

Los períodos durante los que el trabajador por cuenta propia tendrá derecho a percibir el subsidio por nacimiento y cuidado de menor serán coincidentes, en lo relativo tanto a su duración como a su distribución, con los períodos de descanso laboral establecidos para los trabajadores por cuenta ajena. Los trabajadores de este régimen especial podrán igualmente percibir el subsidio por nacimiento y cuidado de menor en régimen de jornada parcial, en los términos y condiciones que se establezcan reglamentariamente.

Como particularidades, será necesario:

- Estar dada de alta en el RETA.

- Estar al día en el pago de las cuotas de autónomo, sin perjuicio de los efectos de la invitación al ingreso de las cuotas debidas en los casos en que aquella proceda (art. 47 de la LGSS).

- Haber cotizado un mínimo de tiempo, que varía según la edad (art. 178 de la LGSS).

- Presentación de una declaración sobre la persona que gestione directamente el establecimiento mercantil, industrial o de otra naturaleza del que sean titulares o, en su caso, el cese temporal o definitivo en la actividad.

El derecho al subsidio por nacimiento y cuidado de menor podrá ser denegado, anulado o suspendido, cuando el beneficiario hubiera actuado fraudulentamente para obtener o conservar dicha prestación, así como cuando trabajara por cuenta propia o ajena durante los correspondientes períodos de descanso.

‖ b) Riesgo durante el embarazo o lactancia natural

La prestación económica por riesgo durante el embarazo consistirá en un subsidio equivalente al 100 por ciento de la base reguladora correspondiente en los términos descritos en los arts. 40-47 del Real Decreto 295/2009, de 6 de marzo.

La prestación económica por riesgo durante la lactancia natural se concederá a la mujer trabajadora en los términos, condiciones y con el procedimiento previstos para la prestación por riesgo durante el embarazo (art. 50 del Real Decreto 295/2009, de 6 de marzo). En este caso, el derecho al subsidio se extinguirá por: cumplir el hijo los nueve meses de edad, reincorporación de la mujer trabajadora a su puesto de trabajo o actividad profesional anterior o a otros compatibles con su estado, extinción del contrato de trabajo en virtud de las causas legalmente establecidas o cese en el ejercicio de la actividad profesional; interrupción de la lactancia natural o fallecimiento de la beneficiaria o del hijo lactante.

3. Prestación de incapacidad permanente

El reconocimiento del derecho a la prestación por incapacidad permanente no depende de la condición específica de autónomo colaborador, sino de la valoración de la capacidad funcional del trabajador y de si las patologías sufridas le impiden realizar su profesión habitual. Así, un autónomo colaborador puede acceder al reconocimiento de una incapacidad permanente si concurren los requisitos legales y se acreditan suficientemente las limitaciones para ejercer su actividad profesional habitual, independientemente del hecho de que en el negocio existan otros familiares colaboradores o de cómo se organice la actividad empresarial. El régimen aplicable es el mismo que para cualquier trabajador autónomo, sometido a la valoración sobre la capacidad funcional residual derivada de su estado de salud en relación con su trabajo habitual. (STSJ de la C. Valenciana n.° 1292/2021, de 27 de abril de 2021, ECLI:ES:TSJCV:2021:2463)

Para que el autónomo pueda acceder a esta prestación es necesario cumplir con los **requisitos generales:**

Requisitos generales	Estar al corriente en el pago de cuotas, de las que sean responsables directos los trabajadores. En caso de no estar al corriente en el pago de las cuotas: invitación al pago.
IPP	No se protege para contingencias comunes.
IPT	Se reconoce el incremento del 20 por 100 para mayores de 55 años (situaciones a partir de 01-01-2003). Indemnización: dentro de los 30 días siguientes a la declaración de la incapacidad. Se podrá optar entre una cantidad a tanto alzado de 40 mensualidades de la base reguladora o una pensión vitalicia. Siempre que el trabajador no tuviese cumplidos los 60 años.
Contingencias profesionales:	No existe la posibilidad de establecer recargo por falta de medidas de prevención. BR: según cotización en la fecha del hecho causante. IPP: ocasiona al trabajador una disminución no inferior al 50 por 100 en su rendimiento normal para su profesión.
BR	A partir del 01/01/2026, en los supuestos en que en el período que haya de tomarse para el cálculo de la base reguladora aparecieran, con posterioridad a la extinción de la prestación económica por cese de actividad, períodos durante los cuales no hubiese existido obligación de cotizar, se integrarán las lagunas de cotización de los siguientes seis meses de cada uno de dichos períodos con la base mínima de la tabla general de este régimen especial.

Se reconoce con las mismas condiciones que en el Régimen General, pero con las siguientes peculiaridades:

|| a) Incapacidad permanente parcial para la profesión habitual

La incapacidad permanente parcial en el RETA solo se protege cuando derive de contingencias profesionales. (STS, rec. 3756/2014, de 29 de marzo de 2016, ECLI:ES:TS:2016:1753).

Los trabajadores incluidos en este régimen especial podrán mejorar voluntariamente el ámbito de su acción protectora, incorporando la correspondiente a las contingencias de accidentes de trabajo y enfermedades profesionales, siempre que tengan cubierta dentro del mismo régimen especial la prestación económica por incapacidad temporal (art. 316 de la LGSS). (STS, rec. 3219/2005, de 28 de febrero de 2007, ECLI:ES:TS:2007:2626, y STS, rec. 1018/2011, de 23 de diciembre de 2011, ECLI:ES:TS:2011:9293).

Atendiendo a lo dispuesto en la STS, rec. 3557/2008, de 15 de septiembre de 2009, ECLI:ES:TS:2009:5992: «el art. 27 del Decreto 2530/1970, de 20 de agosto, por el que se regula el Régimen Especial de la Seguridad Social de los Trabajadores por Cuenta Propia o Autónomos, prescribe lo siguiente: 1. La acción protectora de este Régimen Especial comprenderá: a) prestaciones por invalidez en los grados de incapacidad permanente total para la profesión habitual, incapacidad permanente absoluta para todo trabajo y gran invalidez (...). Por su parte el art. 36.1 dispone que estará protegida por este Régimen Especial de la Seguridad Social la situación de invalidez permanente, cualquiera que fuera su causa, en sus grados de incapacidad permanente total para la profesión habitual, incapacidad permanente absoluta para todo trabajo y gran invalidez. Y advierte que los textos transcritos de los precitados artículos 27.1a) y 36.1 del Decreto 2530/1970 son respectivamente reiterados en sus mismos términos por los art. 56.1 a) y 74.1 del a O.M. de 24 de septiembre de 1970, por la que se dictan normas para la aplicación y desarrollo del Régimen Especial de la Seguridad Social de los Trabajadores por Cuenta Propia o Autónomos. Así pues, conforme a estas normas la acción protectora del RETA no se extiende a la incapacidad permanente parcial».

Cuando la invalidez permanente derive de accidente, si el trabajador autónomo se encuentra en alta o en situación asimilada al alta, para tener derecho a la pensión, deberá acreditar un mínimo de 60 meses de cotización, dentro de los 10 últimos años. (STS, rec. 3316/2009, de 12 de mayo de 2010, ECLI:ES:TS:2010:3244).

|| b) Incapacidad permanente total para la profesión habitual

Pensión vitalicia del 55 por ciento de la base reguladora o una indemnización de cuarenta mensualidades de la citada base. La pensión de incapacidad permanente total para la profesión habitual se incrementará en un 20 por ciento de la base reguladora que se tenga en cuenta para determinar la cuantía de la pensión, cuando se acrediten los siguientes requisitos (art. 58.2 del Decreto 3772/1972, de 23 de diciembre):

- Que el pensionista tenga una edad igual o superior a los 55 años. En los casos en los que el reconocimiento inicial de la pensión de incapacidad permanente se efectúe a una edad inferior a la señalada, el incremento del 20 por ciento se aplicará desde el día 1.º del mes siguiente a aquel en que el trabajador cumpla los 55 años, siempre que a dicha fecha se reúnan los requisitos establecidos en los párrafos siguientes. En los supuestos en que el derecho al incremento del 20 por ciento nazca en un año natural posterior a aquel en que se produjo el reconocimiento inicial de la pensión de incapacidad permanente total para la profesión habitual, a ésta, incrementada con el mencionado 20 por ciento, se le aplicarán las revalorizaciones que, para las pensiones de la misma naturaleza, hubiesen tenido lugar desde la expresada fecha.

- Que el pensionista no ejerza una actividad retribuida por cuenta ajena o por cuenta propia que dé lugar a su inclusión en cualquiera de los regímenes de la Seguridad Social. El incremento de la pensión quedará en suspenso durante el período en que el trabajador obtenga un empleo o efectúe una actividad lucrativa por cuenta propia que sea compatible con la pensión de incapacidad permanente total que viniese percibiendo.

- Que el pensionista no ostente la titularidad de una explotación agraria o marítimo-pesquera, o de un establecimiento mercantil o industrial como propietario, arrendatario, usufructuario u otro concepto análogo. (STS n.º 1252/2024, de 19 de noviembre del 2024, ECLI:ES:TS:2024:5693).

CUESTIONES

1. ¿A un autónomo colaborador se le exige el cumplimiento de los requisitos del art. 38?1 del Decreto 2530/1970 para obtener un incremento del 20 % en su pensión de IPT?

Sí. Para obtener el incremento del 20 % en la pensión de IPT, es necesario cumplir conjuntamente tres requisitos: tener 55 años o más, no ejercer una actividad retribuida y no ostentar la titularidad de un establecimiento mercantil o similar. (STSJ de Castilla y León, rec. 1748/2023, 13 de enero de 2025, ECLI:ES:TSJCL:2025:10).

2. ¿La situación de familiar colaborador dentro del RETA puede generar dudas o dificultades en la acreditación y valoración de la profesión habitual a efectos del reconocimiento de una incapacidad permanente?

Sí. El encuadramiento como familiar colaborador en el RETA requiere una especial acreditación de las funciones y labores efectivamente desarrolladas para fijar la profesión habitual. A modo de ej. la STSJ de Madrid n.º 582/2016, de 12 de septiembre de 2016, ECLI:ES:TSJM:2016:10037, advierte de la multiplicidad de variantes en el trabajo autónomo y la necesidad de demostrar cuál es la actividad real desempeñada, más allá de la mera inscripción administrativa, siendo fundamental para delimitar la profesión habitual a efectos de la incapacidad, especialmente cuando se solicita la incapacidad permanente total (IPT) para dicha profesión. En la sentencia citada se ve como la ausencia de prueba suficiente respecto al contenido real de las funciones, tareas y condiciones del trabajo de la interesada fue determinante para desestimar su pretensión de IP.

c) No se integran las lagunas de cotización con la base mínima hasta el año 2026

En el caso de los trabajadores autónomos, históricamente no había sido de aplicación la integración de períodos no cotizados con bases mínimas establecidos en el art. 197.4 de la LGSS (**STS, rec. 1394/2010, de 24 de enero de 2011, ECLI:ES:TS:2011:318, y STS, rec. 3506/2005, de 21 de septiembre de 2006, ECLI:ES:TS:2006:5524**). No obstante, la reforma de las pensiones 2023 supuso un cambio de criterio al permitir, desde el 01/01/2026, «en los supuestos en que en el período que haya de tomarse para el cálculo de la base reguladora aparecieran, con posterioridad a la extinción de la prestación económica por cese de actividad, períodos durante los cuales no hubiese existido obligación de cotizar, se integrarán las lagunas de cotización de los siguientes seis meses de cada uno de dichos períodos con la base mínima de la tabla general de este régimen especial».

4. Prestación de jubilación

La prestación por jubilación se reconoce en los mismos términos y condiciones que en el Régimen General de la Seguridad Social:

- **Edad de jubilación del autónomo:** según la letra a) del art. 205 de la LGSS y D.T. 7.ª de la LGSS, que se aumentará de forma paulatina hasta los 67 años en 2027.

- **Período mínimo de cotización:** 15 años de los cuales, al menos, 2 deberán estar comprendidos dentro de los últimos 15 años de trabajo.

- **Cuantía:** dependerá de la cantidad que se haya cotizado en la cuota de autónomos y del número de años cotizados.

> **A TENER EN CUENTA.** Se aplicará en materia de jubilación en el RETA las modificaciones sobre los arts. 209 —excepto la letra b) del apartado 1— (en vigor desde el 01/01/2026), y 249 quater de la LGSS).

Actualmente, las personas trabajadoras autónomas pueden acogerse a las siguientes modalidades:

a) Jubilación anticipada

La normativa permite la jubilación anticipada voluntaria de las personas trabajadoras autónomas de cumplir los requisitos exigidos en el art. 208 de la LGSS:

- Tener cumplida una **edad** que sea inferior en dos años, como máximo, a la edad que en cada caso resulte de aplicación [art. 205.1.a) de la LGSS].

- Acreditar un período mínimo de cotización efectiva de treinta y cinco años, sin que, a tales efectos, se tenga en cuenta la parte proporcional por pagas extraordinarias. A estos exclusivos efectos, solo se computará el período de prestación del servicio militar obligatorio o de la prestación social sustitutoria, o del servicio social femenino obligatorio, con el límite máximo de un año.

- Una vez acreditados los requisitos generales y específicos de dicha modalidad de jubilación, el **importe de la pensión a percibir** ha de resultar superior a la cuantía de la pensión mínima que correspondería al interesado por su situación familiar al cumplimiento de los sesenta y cinco años. En caso contrario, no se podrá acceder a esta fórmula de jubilación anticipada.

- **Coeficientes reductores:** en los casos de acceso a la jubilación anticipada, la pensión será objeto de reducción mediante la aplicación, por cada mes o fracción de mes que, en el momento del hecho causante, le falte al trabajador para cumplir la edad legal de jubilación, de los coeficientes que resultan del cuadro contenido en el art. 208.2 de la LGSS en función del período de cotización acreditado y los meses de anticipación.

‖ b) Jubilación parcial

Lo dispuesto en relación con la jubilación parcial de los trabajadores por cuenta propia se aplicará en los términos y condiciones que se establezcan reglamentariamente para los trabajadores autónomos (aplicación del art. 215 de la LGSS). **El sistema de jubilación parcial anticipada para trabajadores autónomos no se ha regulado por el momento.**

‖ c) Jubilación demorada

Nada impide que un autónomo colaborador pueda compatibilizar su pensión de jubilación con el trabajo por cuenta propia que venía realizando, no obstante, **al no ser el titular de la explotación el incremento del porcentaje de prestación en caso de tener contratados trabajadores no sería posible.**

La jubilación demorada para autónomos colaboradores implica retrasar la edad de jubilación más allá de la ordinaria, lo que puede resultar en un aumento de la pensión o un pago único al momento del retiro. Los autónomos colaboradores pueden optar por esta modalidad siempre y cuando cumplan con los requisitos generales para la jubilación demorada.

Durante la realización de un trabajo por cuenta propia compatible con la pensión de jubilación (art. 214 de la LGSS), las personas trabajadoras por cuenta propia o autónomas cotizarán a este régimen especial únicamente por incapacidad temporal y por contingencias profesionales, si bien quedarán sujetos a una cotización especial de solidaridad del 9 por ciento sobre su base de cotización por contingencias comunes, no computable a efectos de prestaciones (art. 310 de la LGSS).

5. Prestaciones por muerte y supervivencia

En caso de muerte, cualquiera que fuera su causa, se otorgarán, según los supuestos, alguna o algunas de las prestaciones siguientes (art. 46 del Decreto 2530/1970, de 20 de agosto):

- Subsidio de defunción.
- Pensión vitalicia de viudedad.
- Pensión de orfandad.
- Pensión vitalicia o, en su caso, subsidio temporal en favor de familiares.

Causarán derecho a las prestaciones citadas las personas incluidas en el campo de aplicación del RETA que cumplan las condiciones generales exigidas (estar afiliadas y en alta o en situaciones asimiladas a alta) y el período mínimo de cotización.

Serán las mismas que en el Régimen General de la Seguridad Social, con las especialidades siguientes:

- A partir del 1 de enero de 2004, los trabajadores que se hayan acogido a la mejora voluntaria de la acción protectora de estas contingencias, y que, del mismo modo, hayan optado por la cobertura de la prestación económica por incapacidad temporal tendrán derecho a esta prestación.
- No se aplicará recargo de las prestaciones por falta de medidas de prevención de riesgos laborales.
- Si el fallecimiento deriva de accidente de trabajo o enfermedad profesional, la base reguladora será el equivalente a la base de cotización del trabajador en la fecha del hecho causante.
- En los supuestos de exoneración de cuotas, las bases de cotización mensuales de cada ejercicio económico exentas de cotización serán equivalentes al resultado de incrementar el promedio de las bases de cotización del año natural inmediatamente anterior en el tanto por cien de variación media conocida del IPC en el último año indicado. De manera que las bases se encuentren entre las máximas y mínimas establecidas en la Ley de Presupuestos Generales del Estado para estos trabajadores.

6. Contingencias profesionales y accidente laboral

La cobertura de las contingencias profesionales será obligatoria y se llevará a cabo con la misma entidad, gestora o colaboradora, con la que se haya formalizado la cobertura de la incapacidad temporal y determinará la obligación de efectuar las correspondientes cotizaciones, en los términos previstos en el artículo 308 de la LGSS.

Por las contingencias indicadas, se reconocerán las prestaciones que, por las mismas, se conceden a los trabajadores incluidos en el Régimen General de la Seguridad Social, en las condiciones que reglamentariamente se establezcan.

Se entenderá como **accidente laboral en el Régimen Especial de Trabajadores Autónomos** (arts. 316.2 de la LGSS):

> «2. Se entenderá como accidente de trabajo del trabajador autónomo el ocurrido como consecuencia directa e inmediata del trabajo que realiza por su propia cuenta y que determina su inclusión en el campo de aplicación de este régimen especial. Se entenderá, a idénticos efectos, por enfermedad profesional la contraída a consecuencia del trabajo ejecutado por cuenta propia, que esté provocada por la acción de los elementos y sustancias y en las actividades que se especifican en la lista de enfermedades profesionales con las relaciones de las principales actividades capaces de producirlas, anexa al Real Decreto 1299/2006, de 10 de noviembre, por el que se aprueba el cuadro de enfermedades profesionales en el sistema de la Seguridad Social y se establecen criterios para su notificación y registro.
>
> También se entenderá como accidente de trabajo el sufrido al ir o al volver del lugar de la prestación de la actividad económica o profesional. A estos efectos se entenderá como lugar de la prestación el establecimiento en donde el trabajador autónomo ejerza habitualmente su actividad siempre que no coincida con su domicilio y se corresponda con el local, nave u oficina declarado como afecto a la actividad económica a efectos fiscales».

A TENER EN CUENTA. Lo previsto en el citado artículo se entiende sin perjuicio de lo establecido en el art. 317 de la LGSS, respecto de los trabajadores autónomos económicamente dependientes, y en el artículo 326 de la LGSS, respecto de los trabajadores del Sistema Especial para Trabajadores por Cuenta Propia Agrarios.

Mientras que, por el contrario, **no tendrán la consideración de accidentes de trabajo** en el RETA:

1. Los que sean debidos a fuerza mayor extraña al trabajo, entendiéndose por esta la que sea de tal naturaleza que ninguna relación guarde con el trabajo que se ejecutaba al ocurrir el accidente. En ningún caso, se considera fuerza mayor extraña al trabajo la insolación, el rayo y otros fenómenos análogos de la naturaleza.

2. Los que sean debidos a dolo o a imprudencia temeraria del trabajador.

7. Prestación de cese de actividad

La cuantía de la prestación por cese de actividad se define por los siguientes parámetros:

Promedio de las bases por las que se hubiere cotizado durante los doce meses continuados e inmediatamente anteriores a la situación legal de cese	Con carácter general: el **70 por 100 de la base reguladora.**
	En los supuestos de reducción de plantilla o mantenimiento de deudas y en los supuestos de suspensión temporal parcial debidas a fuerza mayor [previstos en los epígrafes 4.º y 5.º del art. 331.1.a) de la LGSS]: el **50 por 100 de la base reguladora.**
Cuantía mínima	**107 por 100 o del 80 por 100 del IPREM,** según el trabajador autónomo tenga hijos a su cargo o no.
	No será de aplicación este límite a los trabajadores autónomos que coticen por una base inferior a la mínima ni a los supuestos de suspensión temporal parcial debidas a fuerza mayor [epígrafes 4.º y 5.º del art. 331.1.a) y 331.1.b) de la LGSS].
Cuantía máxima	**175 por 100 del IPREM.**
	Uno o más hijos a cargo. / 200 por 100 o del 225 por 100 del IPREM.

A los efectos de la cuantía máxima y mínima de la prestación por cese de actividad, se tendrá en cuenta el indicador público de rentas de efectos múltiples mensual, incrementado en una sexta parte, vigente en el momento del nacimiento del derecho.

El art. 336 de la LGSS, bajo el título «Trabajadores autónomos que ejercen su actividad profesional conjuntamente», determina los requisitos específicos de acceso al sistema de protección por cese de actividad para los trabajadores autónomos que ejercen actividad profesional conjuntamente con otros.

Se considerarán en situación legal de cese de actividad los trabajadores autónomos profesionales que hubieren cesado, con carácter definitivo o temporal en la profesión desarrollada conjuntamente con otros, por alguna de las siguientes causas:

- Por la concurrencia de motivos económicos, técnicos, productivos u organizativos [art. 331.1.a) de la LGSS], y determinantes de la inviabilidad de proseguir con la profesión, con independencia de que acarree o no el cese total de la actividad de la sociedad o forma jurídica en la que estuviera ejerciendo su profesión.

A TENER EN CUENTA. No se exigirá el cierre de establecimiento abierto al público en los casos en los que no cesen la totalidad de los profesionales de la entidad, salvo en aquellos casos en los que el establecimiento esté a cargo exclusivamente del profesional. No obstante, en este caso no podrá declararse la situación legal de cese de actividad cuando el trabajador autónomo, tras cesar en su actividad y percibir la prestación por cese de actividad, vuelva a ejercer la actividad profesional en la misma entidad en un plazo de un año, a contar desde el momento en que se extinguió la prestación. En caso de incumplimiento de esta cláusula, deberá reintegrar la prestación percibida (arts. 55 y 348 de la LGSS y 80 del Real Decreto 1415/2004, de 11 de junio).

- Por fuerza mayor, determinante del cese temporal o definitivo de la profesión.

- Por pérdida de la licencia administrativa, siempre que la misma constituya un requisito para el ejercicio de la actividad económica o profesional y no venga motivada por la comisión de infracciones penales.

- La violencia de género o violencia sexual determinante del cese temporal o definitivo de la profesión de la trabajadora autónoma.

- Por divorcio o acuerdo de separación matrimonial, mediante la correspondiente resolución judicial, en los supuestos en que el autónomo divorciado o separado ejerciera funciones de ayuda familiar en el negocio de su excónyuge o de la persona de la que se ha separado, en función de las cuales estaba incluido en el correspondiente régimen de la Seguridad Social, y que dejan de ejercerse a causa de la ruptura o separación matrimoniales.

A partir de aquí se comprende por qué el legislador en caso de separación legal o divorcio reserva la prestación por cese de actividad del trabajador autónomo en favor de la persona que ejerciera funciones de ayuda familiar en el negocio de su excónyuge o de la persona de la que se ha separado, ya que no cabe pedir a quien acaba de separarse o divorciarse que continúe en estas situaciones como colaborador en el negocio de la persona de la que acaba de separarse o divorciarse. El legislador parte del presupuesto de que el titular del negocio es quien mantiene su explotación y su cónyuge o excónyuge quien quiere aparta de él. Por eso mismo, el titular del negocio no accede a esa prestación en caso de separación o divorcio, ya que nada le impide continuar.

CUESTIÓN

¿El autónomo colaborador tiene acceso a la prestación por cese de actividad?

Un autónomo colaborador tiene acceso a la prestación por cese de actividad, siempre y cuando cotice por esta prestación y demuestre el cese involuntario de su actividad en el negocio familiar.

De acuerdo con la STSJ de Aragón, rec. 386/2018, de 10 de julio de 2018, ECLI:ES:TSJAR:2018:1483, un autónomo colaborador puede acceder a la prestación por cese de actividad en determinados supuestos. La resolución analiza el caso de una colaboradora familiar (afiliada como tal al RETA), respecto de la cual la Mutua había denegado la prestación por cese de actividad basándose únicamente en la literalidad del art. 331.1.e) de la Ley General de la Seguridad Social (LGSS), que habilita la protección por cese de actividad para el colaborador familiar solo en caso de divorcio o separación. No obstante, el Tribunal razona que el art. 331.1.a) de la LGSS también resulta aplicable al colaborador familiar en caso de cese total del negocio por causas económicas, técnicas, productivas u organizativas. La Sala argumenta que el motivo previsto en la letra e) (divorcio o separación) se refiere a supuestos donde el negocio continúa pese a la salida del colaborador familiar, mientras que la letra a) abarca la situación de cese efectivo de la actividad económica de todo el negocio, circunstancia acreditada en el caso analizado. Por tanto, un autónomo colaborador tiene acceso a la prestación por cese de actividad cuando se produce un cese total del negocio por causas económicas, técnicas, productivas u organizativas, no quedando restringido únicamente a los supuestos de divorcio o separación matrimonial.

8. Cuidado de menores afectados por cáncer u otra enfermedad grave en el RETA

Los trabajadores por cuenta propia o autónomos incluidos en el RETA tendrán derecho a la prestación en los mismos términos y condiciones que en el Régimen General (arts. 190-192 de la LGSS y Real Decreto 1148/2011, de 29 de julio), con las siguientes peculiaridades:

- Para las personas trabajadoras por cuenta propia, se considera situación protegida a los períodos de cese parcial en la actividad. Los porcentajes de reducción de jornada, que consistirán en, al menos, un 50 por ciento de la jornada, se entenderán referidos a una jornada de cuarenta horas semanales.

- Al solicitar el subsidio, deberán presentar una declaración indicando expresamente el porcentaje de reducción de su actividad profesional, en relación con una jornada semanal de cuarenta horas. Asimismo, presentarán declaración de la situación de la actividad referida a la parte de jornada profesional que se reduce.

- Para el cálculo del subsidio, la base reguladora establecida será la de la incapacidad temporal derivada de contingencias profesionales o, en su caso, la derivada de contingencias comunes, cuando no se haya optado por la cobertura de las contingencias profesionales.

- Si no se tiene cubierta la contingencia de incapacidad temporal, la base reguladora de la misma estará constituida por la base de cotización de contingencias comunes.

- Cuando no se tenga la cobertura de los riesgos profesionales, será competente para la gestión de la prestación la entidad gestora o mutua que asuma la cobertura de la incapacidad temporal por contingencias comunes.

- Si no se ha optado por la cobertura de la incapacidad temporal, la gestión se atribuirá a la correspondiente entidad gestora de la Seguridad Social.

ANEXO I.
CASOS PRÁCTICOS

Caso práctico | ¿Qué tipo de contrato es adecuado para un autónomo colaborador y cómo se debe registrar para deducir las nóminas como gasto en el impuesto sobre la renta?

PLANTEAMIENTO

¿Qué tipo de contrato podemos hacerle a un autónomo colaborador?

¿Sería necesario registrarlo de alguna manera para deducir en Hacienda las nóminas como gasto deducible en el impuesto de la renta?

RESPUESTA

No es necesario formalizar o registrar un contrato ya que la relación se basa en la colaboración familiar y se regula mediante contrato mercantil y no laboral. Desde un punto de vista formal solo resulta exigible el alta del autónomo familiar colaborador en el RETA, pero es recomendable la formalización por escrito de un contrato mercantil entre las partes especificando las tareas, responsabilidades y contraprestaciones económicas.

No existe previsión normativa que obligue a formalizar un contrato —o un registro de este— en caso de un autónomo familiar colaborador, ya que el autónomo colaborador únicamente se daría de alta en el RETA como tal y la empresa le formalizaría una nómina.

El autónomo colaborador tributa del mismo modo que un trabajador por cuenta ajena, es decir, como un asalariado, al percibir sus ingresos como un sueldo del autónomo titular para el que presta servicios. La persona autónoma colaboradora no ha de liquidar el IVA de forma trimestral (modelo 303) ni las retenciones a cuenta del IRPF (modelo 130). Eso sí, ese salario será un gasto a deducir por la empresa en la declaración correspondiente y, asimismo, el autónomo colaborador tendrá que asociarlo en su declaración de la renta correspondiente, en el caso de que esté obligado a presentarlo, como ingresos percibidos.

Igualmente, las obligaciones del autónomo colaborador y la forma de percibir su remuneración no siguen una norma fija para todas las situaciones profesionales, existiendo distintos criterios en función de las autoridades competentes en cada caso. Con carácter general, de tratarse del cónyuge del autónomo titular, dado que las ganancias de uno serían también para el cónyuge, no tendría sentido asignar una nómina. De tratarse de un hijo con el que no se convive u otro familiar más lejano, procedería emitir nómina para percibir la remuneración derivada de su actividad profesional. No obstante, a pesar de que legalmente los autónomos colaboradores no tienen obligación de recibir una nómina en sentido estricto como los trabajadores por cuenta ajena, es recomendable documentar la entrega de cantidades a efectos fiscales y contables reflejando: sueldo bruto, retenciones de IRPF, cuota de autónomo (si el titular la paga), base de cotización e importe neto a percibir.

Caso práctico | ¿Cuándo hay que contratar a un familiar como autónomo colaborador y cuándo como asalariado?

PLANTEAMIENTO

¿Cuándo hay que contratar a un familiar como autónomo colaborador y cuándo como asalariado?

RESPUESTA

La contratación como autónomo colaborador es obligatoria cuando hay convivencia y parentesco directo, salvo que se pueda demostrar la condición de asalariado del familiar.

Autónomo Colaborador	**Convivencia y parentesco:** si el familiar convive con el empresario y existe un parentesco directo (cónyuge, descendientes, ascendientes y demás parientes por consanguinidad o afinidad hasta el segundo grado inclusive), debe ser contratado como autónomo colaborador. **Requisitos:** el familiar debe estar ocupado en el centro de trabajo de forma habitual, convivir en el hogar del empresario y estar a su cargo. Además, no debe estar dado de alta como trabajador por cuenta ajena.
Asalariado	**Demostración de la condición de asalariado:** si se puede demostrar la condición de asalariado del familiar, este puede ser contratado como tal, incluso si convive con el empresario. La carga de la prueba recae en el trabajador, quien debe demostrar la existencia de una relación laboral dependiente, con pruebas como contratos laborales, nóminas y justificantes de cotización. **Excepciones:** los hijos menores de 30 años pueden ser contratados como asalariados, aunque convivan con el empresario, siempre que se demuestre su condición de asalariados. Esta excepción también se aplica a hijos mayores de 30 años con discapacidad.

Caso práctico | ¿Tienen los familiares colaboradores acceso a la tarifa plana para nuevas altas en el RETA? ¿Y a la denominada «cuota cero»?

PLANTEAMIENTO

¿Los familiares colaboradores tienen acceso a la tarifa plana por nuevas altas en el RETA? ¿Y la denominada «cuota cero» que establecen algunas comunidades autónomas para cubrir el 100 % las cuotas a los autónomos que inicien su actividad?

RESPUESTA

Los familiares colaboradores del trabajador autónomo poseen sus propios incentivos no compatibles con la tarifa reducida de 80 euros aplicable por el inicio de una actividad por cuenta propia (art. 35 de la LETA).

La cuota cero de autónomos es una medida de apoyo a emprendedores que se ha implementado en varias Comunidades Autónomas de España, como Andalucía, Murcia, Madrid, Galicia, Extremadura y Baleares, Castilla León, Canarias, La Rioja, Castilla la Mancha y Aragón. Este beneficio permite a los autónomos no pagar la cuota de seguridad social reducida al amparo del art. 38 ter de la LETA bajo ciertas condiciones. Dado que el autónomo colaborador no tiene acceso a la tarifa plana también queda excluido de la cuota cero.

Caso práctico | ¿Puede una persona trabajadora incluida en el RGSS seguir de alta en dicho régimen tras contraer matrimonio con el autónomo titular? ¿Debe darse de alta como autónomo colaborador?

PLANTEAMIENTO

Una persona trabajadora incluida en el Régimen General de la Seguridad Social piensa contraer matrimonio con su empleador en régimen de separación de bienes, ¿podrá el empleado/a seguir de alta en el régimen general o tendría que darse de alta como autónomo colaborador?

RESPUESTA

Como en otros supuestos, la posibilidad de seguir de alta en el Régimen General de la Seguridad Social dependerá de la demostración de la condición de asalariada y de la ausencia de convivencia y dependencia económica con el empleador. En caso contrario, deberá darse de alta como autónomo colaborador.

Según la normativa vigente, específicamente el art. 12.1 de la Ley General de la Seguridad Social, no tendrán la consideración de trabajadores por cuenta ajena, salvo prueba en contrario, el cónyuge, los descendientes, ascendientes y demás parientes del empresario, por consanguinidad o afinidad hasta el segundo grado inclusive, cuando convivan en su hogar y estén a su cargo.

En este caso, si la persona trabajadora no convive con su empleador y no está a su cargo, podría seguir de alta en el Régimen General de la Seguridad Social, siempre y cuando se demuestre la condición de asalariada y se cumplan los requisitos de ajenidad y dependencia laboral.

Por otro lado, si se diera el caso de convivencia y dependencia económica, la persona trabajadora debería darse de alta como autónomo colaborador, ya que la normativa presume que no existe una relación laboral pura de cuenta ajena en estos casos. (Resolución Vinculante de DGT n.º V0479-23, de 1 de marzo de 2023).

Caso práctico | ¿Cómo se calcula la base de cotización de un autónomo colaborador que ha cotizado el mes anterior a su baja por la base mínima?

PLANTEAMIENTO

Si un autónomo colaborador ha cotizado el mes anterior a su baja por la base de cotización mínima de 1.000 euros, ¿cómo se calcula su base de cotización si está de baja durante 30 días?

RESPUESTA

Como hemos analizado, la base reguladora y el cálculo de la prestación por incapacidad temporal para autónomos colaboradores está regulada por la Ley General de la Seguridad Social y el Reglamento General sobre Cotización y Liquidación de otros Derechos de la Seguridad Social en los mismos términos que para el autónomo ordinario.

Para calcular la base reguladora de la prestación por incapacidad temporal (IT) en el supuesto planteado, se deben seguir los siguientes pasos:

Identificación de la base de cotización del mes anterior a la baja: En este caso, la base de cotización es de 1.000 euros.

Cálculo de la base reguladora diaria: Se divide la base de cotización entre 30. Por lo tanto, la base reguladora diaria de será: 1.000 \30 = 33,33 euros/día.

El importe de la prestación depende de la causa de la baja y del periodo de tiempo que esté de baja. Dado que su baja es por un accidente no laboral, se aplican las siguientes reglas:

- **Días 1 a 3:** no se cobra nada.
- **Del día 4 al 20:** se recibe el 60 % de la base reguladora diaria. En el supuesto: 17 días de baja x 33,33 euros/día = 566,61 euros de BR. Aplicando el 60 % a la BR = 339,97 euros.
- **A partir del día 21:** se cobra el 75 % de la base reguladora diaria. En el supuesto: 10 días de baja x 33,33 euros/día = 333,3 euros de BR. Aplicando el 75 % a la BR = 249,98 euros.

Por lo tanto, la prestación total que Juan recibiría durante los 30 días de baja sería: 339,97 euros + 249,98 = 589,95 euros de baja por IT.

Caso práctico | ¿Puede trabajar un familiar en mi negocio sin contrato ni alta como autónomo colaborador?

PLANTEAMIENTO

¿Puede trabajar un familiar en mi negocio sin contrato ni alta como autónomo colaborador?

RESPUESTA

En general, cualquier persona que colabore de forma habitual en un negocio debe estar dada de alta en la Seguridad Social. Esto incluye a los familiares del trabajador autónomo, quienes deben darse de alta como autónomos colaboradores si cumplen con ciertos requisitos, como ser cónyuge, pareja de hecho o familiares por consanguinidad o afinidad hasta el segundo grado inclusive, y colaborar de manera habitual en el negocio.

En caso de una inspección, será necesario demostrar que la colaboración es puntual y no habitual. La normativa establece que, para la afiliación y el alta de los familiares del empresario que reúnan los requisitos para su inclusión como trabajadores por cuenta ajena en el Régimen General de la Seguridad Social, se debe acompañar una declaración del empresario y del familiar en la que se haga constar la condición de este como trabajador por cuenta ajena, su categoría profesional, puesto de trabajo, forma y cuantía de la retribución, centro de trabajo, horario y otros datos relevantes.

Por lo tanto, si no se puede demostrar que la colaboración es puntual, la persona deberá estar dada de alta en la Seguridad Social para evitar sanciones.

Caso práctico | ¿Cuál es la cuota mínima de un autónomo colaborador? ¿Debe acreditarse algún periodo de actividad?

PLANTEAMIENTO

¿Cuál es la cuota mínima de los autónomos colaboradores? ¿Debe acreditarse algún periodo de actividad para que se aplique la base mínima?

RESPUESTA

La cuota mínima a la Seguridad Social de los autónomos colaboradores en 2025 no podrá ser inferior a 1.000 euros mensuales, de acuerdo con lo dispuesto en la Disposición Transitoria Séptima del Real Decreto-ley 13/2022, de 26 de julio, y el artículo 18.4 de la Orden PJC/178/2025, de 25 de febrero. La existencia de una cuota mínima para este colectivo tiene su origen en que no se puede conocer con certeza sus rendimientos netos.

Este año, el **tipo aplicable a la base de cotización es de 31,4 %.**

- Contingencias comunes: 28,30 %
- Contingencias profesionales: 1,30 %
- Cese de actividad: 0,90 %
- Formación profesional: 0,10 %
- MEI: 0,80 %

Por lo tanto, la cuota mínima de todos estos autónomos colaboradores en 2025 es de 314 euros al mes. Conforme al artículo 308.1 de la Ley General de la Seguridad Social, para la aplicación de esta base de cotización mínima bastará con **haber figurado noventa días en alta como autónomo colaborador durante el período a regularizar.**

Si se cumplen los requisitos establecidos en el art. 35 de la LETA y se aplican las bonificaciones por altas de familiares colaboradores de trabajadores autónomos durante los veinticuatro meses siguientes a la fecha de efectos del alta, se abonará:

- Durante los primeros 18 meses, el 50 por ciento: **157 euros.**
- Durante 6 meses siguientes, el 25 por ciento: **235,50 euros.**

Caso práctico | ¿En qué casos el autónomo titular puede contratar a su hijo en el RGSS?

PLANTEAMIENTO

¿En qué casos el autónomo titular puede contratar a su hijo en el RGSS? ¿Qué sucede si se trata de hijos menores de 30 años?

RESPUESTA

Según la D.A.10.ª de la Ley del Estatuto del Trabajo Autónomo (LETA), los trabajadores autónomos pueden contratar a sus hijos menores de 30 años como trabajadores por cuenta ajena, incluso si conviven con ellos. Esta disposición permite que los hijos menores de 30 años sean contratados en el RGSS sin derecho a prestación por desempleo, a menos que se demuestre independencia económica y ausencia de convivencia.

De esta forma, como norma general, cuando no se cumplan los requisitos de ajenidad y dependencia, la contratación de familiares directos del autónomo principal será como autónomo colaborador:

Cónyuge, descendientes, ascendientes y demás parientes del empresario, por consanguinidad o afinidad hasta el segundo grado inclusive y, en su caso, por adopción	Convivan en el hogar y estaban a cargo del autónomo principal.	En estos supuestos el autónomo titular podrá beneficiarse de una bonificación del 50 % de la cuota de autónomos durante los 18 meses posteriores al alta.
	No se trata de una colaboración puntual.	
	Están ocupados en su centro o centros de trabajo de forma habitual.	
	No estén dados de alta como trabajadores por cuenta ajena.	

De forma excepcional a la regla general anterior, el autónomo podrá contratar a un hijo como trabajador por cuenta ajena cotizando en el RGSS, cuando:

• Sea menor de 30 años. • Sea mayor o menor de 30 años, pero tenga algún problema de discapacidad, que le impida acceder al mercado laboral.	SIN DERECHO A PRESTACION POR DESEMPLEO		En ambos casos, el autónomo titular por la contratación de su hijo **puede beneficiarse de bonificaciones según el contrato que realice** y en función de los requisitos de cada modalidad contractual.
	CON DERECHO A PRESTACIÓN POR DESEMPLEO	Cuando pueda demostrarse: • La independencia económica y ausencia de conviva con el autónomo titular. • Que cumple el horario de trabajo, percibe salario mediante nóminas, etc.	

Caso práctico | ¿Puede el autónomo colaborador ser sustituido por un trabajador por cuenta ajena en caso de incapacidad temporal?

PLANTEAMIENTO

¿Puede el autónomo colaborador ser sustituido por un trabajador por cuenta ajena en caso de incapacidad temporal?

RESPUESTA

Como hemos analizado, el autónomo colaborador puede darse de baja por enfermedad y recibir prestaciones de la seguridad social como cualquier otro autónomo. El periodo de IT del colaborador no implica la obligación de ser sustituido. Es decir, el autónomo titular podría contratar a un trabajador para cubrir temporalmente su puesto o asumir él mismo las funciones, o incluso dejar la actividad paralizada durante ese período.

En este caso la duda aparecería a la hora de decidir el tipo de contrato para la persona que sustituya al autónomo. Atendiendo a la normativa, el contrato eventual para sustitución podrá celebrarse para la sustitución de una persona trabajadora (art. 15.3 del ET):

- Cuando exista derecho a reserva de puesto de trabajo, siempre que se especifique en el contrato el nombre de la persona sustituida y la causa de la sustitución.

- Para completar la jornada reducida por otra persona trabajadora, cuando dicha reducción se ampare en causas legalmente establecidas o reguladas en el convenio colectivo, medida que promueve y es coherente con el derecho de las personas trabajadoras a la conciliación de su vida personal y laboral.

- Para la cobertura temporal de un puesto de trabajo durante el proceso de selección o promoción para su cobertura definitiva mediante contrato fijo, sin que su duración pueda ser en este caso superior a tres meses.

Mientras que el contrato de trabajo de duración determinada por circunstancias de la producción procedería si se da un incremento ocasional e imprevisible y oscilaciones que, aun tratándose de la actividad normal de la empresa, generan un desajuste temporal entre el empleo estable disponible y el que se requiere, siempre que no responda a la situación de fijo-discontinuo.

Ambas opciones generan dudas en el caso de sustitución de un autónomo (titular o colaborador) dado que parece difícil entender en esos casos el concepto de reserva de puesto de trabajo y si la baja se extendiese podría superarse el periodo máximo establecido para circunstancias de la producción. **En la práctica, un contrato eventual por circunstancias de la producción sería válido para la sustitución de un trabajador autónomo colaborador por contingencias comunes.** No obstante, no se ha concretado un criterio para aclarar este aspecto y que evite tener problemas con inspección o si a la finalización del contrato el trabajador sustituto demanda por despido.

Caso práctico | ¿Se puede subvencionar las cuotas de cotización al RETA del autónomo colaborador mediante la capitalización de la prestación por desempleo?

PLANTEAMIENTO

¿Es posible subvencionar las cuotas de cotización al RETA del autónomo colaborador mediante la capitalización de la prestación por desempleo?

RESPUESTA

El SPEE considera, al menos inicialmente, que los autónomos colaboradores definidos en el art. 1 de la LETA, no pueden acceder a ninguna de las modalidades de abono del pago único del a prestación por desempleo, ya que no son titulares de negocio alguno, no ha efectuado ninguna inversión en el mismo y, además los ingresos que percibe del negocio el autónomo colaborador son —a efectos de IRPF— rendimientos del trabajo deducibles por el titular de la actividad como un gasto (art 30.2.2 de la LIRPF). No obstante, **un autónomo familiar colaborador no está excluido normativamente y podría acceder a la modalidad de pago único («capitalización») de la prestación por desempleo para subvencionar sus cuotas de seguridad social en el RETA.**

Conforme desarrolla la STSJ de Cataluña n.º 308/2018, de 19 de enero de 2018, ECLI:ES:TSJCAT:2018:187, un autónomo familiar colaborador tiene derecho a acceder al pago único de la prestación por desempleo que provenga de una relación laboral por cuenta ajena anterior, en la modalidad de abono mensual para subvencionar sus cuotas de cotización al Régimen Especial de Trabajadores Autónomos (RETA).

La sentencia desestima el recurso del Servicio Público de Empleo Estatal y ratifica que no existe causa legal de exclusión para los trabajadores autónomos colaboradores respecto al acceso a dicha modalidad de pago único ("capitalización del desempleo"). Expone que la normativa vigente (artículo 34.2 de la Ley 20/2007 del Estatuto del Trabajo Autónomo, artículo 3.b) del RD 2530/1970, artículo 43 del RD 2064/1995) ampara expresamente la inclusión de los familiares colaboradores en el RETA y su condición de sujetos obligados a cotizar, siendo responsables directos de la obligación de cotización.

La sentencia resuelve, en base a estos fundamentos, que no hay impedimento normativo para que un trabajador autónomo familiar colaborador perciba la prestación de desempleo capitalizada en la modalidad de subvención mensual a las cuotas de seguridad social, aclarando además que las posibles repercusiones fiscales sobre el IRPF no limitan este derecho.

Caso práctico | ¿Un autónomo colaborador puede estar empleado como asalariado por cuenta ajena en otro negocio? ¿y a media jornada?

PLANTEAMIENTO

¿Un autónomo colaborador puede estar empleado como asalariado por cuenta ajena en otro negocio? ¿y a media jornada?

RESPUESTA

No. El alta como autónomo colaborador excluye la posibilidad de una relación laboral por cuenta ajena. Según la normativa vigente, los familiares que colaboran de forma habitual en el negocio del autónomo principal no pueden estar dados de alta como trabajadores por cuenta ajena en el Régimen General de la Seguridad Social.

La inexistencia de una normativa reguladora del autónomo colaborador clara y específica implica ciertas lagunas en el concepto sobre las que siempre se plantean dudas cubiertas por el art. 12 de la LGSS y arts. 1 y 35 y D.A. 10.ª de la LETA. Esta normativa establece dos requisitos básicos para esta figura:

- **Necesidad de convivencia y estar a cargo del autónomo titular.** A pesar de que la redacción del actual art. 35 de la LETA no establece la necesidad de que el familiar colaborador conviva y esté al cargo del titular del negocio, el requisito en base al art. 12 de la LGSS —y ante el vacío normativo de convivencia y dependencia— bajo mi punto de vista continúa siendo aplicable.

- **Ausencia de alta como trabajadores por cuenta ajena.** Para que exista la posibilidad de contratar bajo la figura de autónomo colaborador, el familiar no debe de estar dado de alta como trabajador por cuenta ajena, es decir, no debe cotizar en el régimen general de la seguridad social. En este caso, la prohibición aparece reflejada en el art. 1 de la LETA, donde se especifica: «También será de aplicación esta ley a los trabajos, realizados de forma habitual, por familiares de las personas definidas en el párrafo anterior que no tengan la condición de trabajadores por cuenta ajena, conforme a lo establecido en el artículo 1.3. e) del texto refundido de la Ley del Estatuto de los Trabajadores»

La figura del autónomo colaborador presupone una colaboración en el ámbito familiar y bajo el paraguas del Régimen Especial de Trabajadores Autónomos, lo que excluye, salvo prueba en contrario de verdadera ajenidad y dependencia, la existencia de una relación laboral ordinaria a los efectos del Estatuto de los Trabajadores. (STSJ de Galicia, rec. 2590/2018, de 23 de noviembre de 2018, ECLI:ES:TSJGAL:2018:6228).

Caso práctico | ¿Es posible la existencia de un autónomo colaborador en el ámbito de la relación laboral especial de abogados regulada por el Real Decreto 1331/2006, de 17 de noviembre?

PLANTEAMIENTO

¿Un autónomo colaborador puede existir en el ámbito de la relación laboral especial de abogados regulada por el Real Decreto 1331/2006?

RESPUESTA

La existencia de un autónomo colaborador dentro de la relación laboral especial de abogados regulada por el RD 1331/2006 no es posible cuando concurre la relación familiar y convivencia, salvo prueba en contrario que acredite la condición efectiva de asalariado conforme a los criterios jurisprudenciales de dependencia y ajenidad.

La posible existencia de un autónomo colaborador en el ámbito de la relación laboral especial de abogados regulada por el Real Decreto 1331/2006 depende específicamente de dos factores: la relación familiar y la convivencia con el titular del despacho.

Del análisis del artículo 1.3 del Real Decreto 1331/2006, acompañado del artículo 1.3.e) del Estatuto de los Trabajadores (ET), se desprende lo siguiente:

- **Quedan excluidos del ámbito de la relación laboral especial de abogados** «(...) los abogados que prestan servicios en un despacho con cuyo titular tengan una relación familiar y convivan con él, salvo que se demuestre la condición de asalariados de los mismos».

- Se consideran familiares, a estos efectos, el cónyuge, los descendientes, ascendientes y demás parientes por consanguinidad o afinidad hasta el segundo grado inclusive y, en su caso, por adopción.

- Por tanto, **existe una presunción de no laboralidad para estos familiares convivientes**, presunción que solo se destruye acreditando fehacientemente la existencia de una verdadera relación laboral asalariada con notas de ajenidad y dependencia, elementos esenciales de la laboralidad.

En congruencia, no cabe la figura del autónomo colaborador como relación laboral especial en estos supuestos, pues la presunción de no laboralidad prima, debiendo en su caso analizar si concurre realmente una relación laboral conforme a los criterios de dependencia y ajenidad. Si la prestación de servicios se realiza en régimen de colaboración familiar y existe convivencia, la regla general es la exclusión de la legislación laboral y, por tanto, la exclusión del ámbito de la relación laboral especial regulada por el Real Decreto 1331/2006. (STSJ n.º 2912/2024, de 24 de mayo del 2024, ECLI:ES:TSJCAT:2024:6623).

Caso práctico | ¿Es posible despedir a un autónomo colaborador familiar?

PLANTEAMIENTO

¿Un autónomo colaborador familiar puede ser despedido en el «sentido tradicional» como un trabajador por cuenta ajena?

RESPUESTA

No es posible hablar de «despido» en sentido estricto respecto de un autónomo colaborador familiar, ya que su relación es de tipo mercantil o civil, no laboral, y, por tanto, la extinción de la colaboración no goza de la protección propia del despido laboral ni, en principio, genera derecho a indemnización bajo la normativa laboral.

Sólo en el caso de que se acredite la existencia de una auténtica relación laboral por cuenta ajena, ajena a la presunción legal de trabajo familiar o colaboración como autónomo, podría el cese tener la consideración de despido a efectos del Estatuto de los Trabajadores. En concreto, mientras exista convivencia y relación familiar en los términos analizados (matrimonio, cuentas conjuntas, alta en RETA como autónomo colaborador, poder de disposición y gestión sobre la empresa), la relación no es laboral sino civil o mercantil, y ello conlleva las siguientes consecuencias:

- No se aplica la normativa del despido laboral prevista en el Estatuto de los Trabajadores (artículos 49 y 56 ET), ni el orden jurisdiccional social es competente para conocer despidos de autónomos colaboradores familiares en este contexto.

- Cuando existe tal relación «de autónomo colaborador familiar», su vinculación con la empresa es ajena al Derecho Laboral y no contempla la protección por despido, sino que cualquier «extinción de la colaboración» deriva de la voluntad de las partes (cesión, revocación, desvinculación civil), sin indemnizaciones ni obligaciones derivadas del despido improcedente. (STSJ de Galicia, rec. 328/2025, de 9 de mayo del 2025, ECLI:ES:TSJGAL:2025:3829).

- Solo si se demuestra fehacientemente la condición de salario y ajenidad, y, por tanto, la existencia real de relación laboral por cuenta ajena («salvo prueba en contrario»), podría admitirse una demanda laboral por despido, lo que en el caso examinado ha sido negado por el Tribunal, precisamente aplicando la presunción de no laboralidad.

Caso práctico | ¿El contrato mercantil entre un autónomo titular y un autónomo colaborador podría extinguirse si este último realiza prácticas irregulares?

PLANTEAMIENTO

Si el autónomo colaborador realiza prácticas irregulares que suponen una transgresión de la buena fe o pérdida de confianza por parte del autónomo titular, ¿podría extinguirse el contrato mercantil?

RESPUESTA

Si el autónomo colaborador realiza prácticas irregulares que constituyan una transgresión de la buena fe contractual, el autónomo titular podría resolver el contrato mercantil por justa causa. Así, si se produce una transgresión grave de la buena fe contractual por parte del autónomo colaborador en el marco de un contrato mercantil (por ejemplo, prácticas irregulares, ilícitas o desleales), la parte contratante podría extinguir válidamente el contrato.

Caso práctico | ¿Un autónomo puede contratar a un familiar como trabajador autónomo económicamente dependiente (TRADE)?

PLANTEAMIENTO

¿En qué casos procede el alta como trabajador autónomo económicamente dependiente del autónomo titular a pesar de tratarse de un familiar?

RESPUESTA

El alta como trabajador autónomo económicamente dependiente procede cuando se cumplen todos los requisitos establecidos al efecto, especialmente la independencia en la organización y los medios materiales, la asunción de riesgo, y la prestación de servicios diferenciada respecto a los trabajadores por cuenta ajena. Por el contrario, el autónomo familiar colaborador requiere —como hemos reiterado a lo largo de la obra— un vínculo familiar directo, convivencia, trabajo habitual y ausencia de alta como trabajador por cuenta ajena.

La STSJ de Asturias n.º 64/2019, de 22 de enero de 2019, ECLI:ES:TSJAS:2019:40, analiza los requisitos diferenciadores, en virtud del artículo 11 de la Ley 20/2007, de 11 de julio, del Estatuto del Trabajo Autónomo, para la consideración como trabajador autónomo económicamente dependiente o, en su defecto, autónomo familiar colaborador, de un autónomo.

- **Autónomo económicamente dependiente (TRADE):** es aquel que, reuniendo los requisitos de trabajador autónomo, realiza su actividad en beneficio de un cliente del que depende económicamente (al menos el 75 % de sus ingresos) y, además, debe cumplir condiciones tales como ejecutar su actividad de manera diferenciada respecto a los trabajadores por cuenta ajena; disponer de infraestructura y material propios; organizar su trabajo con criterios propios; percibir la contraprestación en función del resultado de su actividad; y asumir el riesgo y ventura de la misma.

- **Autónomo familiar colaborador:** se entiende por tal al familiar del titular de la explotación autónoma (cónyuge, descendientes, ascendientes u otros parientes por consanguinidad o afinidad hasta el segundo grado inclusive), que trabajan de manera habitual, personal y directa con el titular, residiendo en el mismo hogar y no estando dados de alta como trabajadores por cuenta ajena. Además, no deben ostentar una participación en el capital social que implique control efectivo.

La sentencia señala que en el caso enjuiciado no concurrían los requisitos exigidos para el alta como autónomo económicamente dependiente, ya que los trabajos se realizaban indistintamente con el resto de los trabajadores por cuenta ajena, no existía infraestructura ni material propios, y la contraprestación era fija y no variable en función del resultado de la actividad, no asumiendo los afectados el riesgo y ventura del trabajo. En cuanto a la figura del autónomo familiar colaborador, se indica también que no procedía, ya que el autónomo no participaba en el capital social, ni tenía apoderamiento ni coincidía en el domicilio con el administrador.

Caso práctico | ¿Será necesario acreditar la retribución a efectos de seguridad social para el acceso a prestaciones de autónomo colaborador?

PLANTEAMIENTO

La inexistencia de ingresos durante el periodo en que se está de alta en el RETA como familiar colaborador, ¿puede suponer la apreciación de fraude de ley si se solicita alguna prestación?, ¿será necesario acreditar la retribución a efectos de seguridad social para el acceso a prestaciones?

RESPUESTA

En caso de no acreditar ningún ingreso durante el período en que se figura de alta en el RETA como familiar colaborador podría considerarse la existencia de fraude de ley.

Conforme al contenido de la STSJ de Cataluña, rec. 865/2016, de 10 de mayo de 2016, ECLI:ES:TSJCAT:2016:4091, la inexistencia de ingresos durante el periodo en que se está de alta en el RETA como familiar colaborador puede ser un indicio relevante para la apreciación de fraude de ley en el acceso a prestaciones como la incapacidad temporal.

Conforme a lo razonado en la sentencia indicada, la inclusión de familiares como colaboradores en el Régimen Especial de Trabajadores Autónomos (RETA) no exige necesariamente la percepción de retribución. La Sala indica expresamente que, a diferencia del Régimen General, la inclusión de parientes y familiares en el RETA «no parece precisar de cap retribució» (no parece precisar de ninguna retribución).

Ahora bien, la Sentencia aclara que, aunque no se requiera retribución, sí es imprescindible, según el artículo 3.b) del Decreto 2530/1970, que concurra la nota de habitualidad en la colaboración familiar. Esto significa que no basta con una colaboración esporádica, sino que debe tratarse de la prestación efectiva de servicios habituales en la empresa familiar. La habitualidad y la efectiva colaboración constituyen requisitos imprescindibles para la inclusión de familiares en el RETA.

En resumen, no es requisito acreditar el pago de una retribución para la inclusión de familiares en el RETA, pero sí lo es la demostración de una colaboración habitual y efectiva.

Caso práctico | Si el titular del negocio ejerce la profesión médica, ¿existe la posibilidad de autónomo colaborador familiar?

PLANTEAMIENTO

El titular de un negocio, aunque ejerza la profesión médica, ¿puede tener un autónomo colaborador familiar?

RESPUESTA

En cualquier actividad, incluida la médica, podría ser utilizada la figura de colaborador familiar siempre que concurran los requisitos legales objetivos: parentesco, convivencia y trabajo habitual, personal y directo en la actividad del titular del negocio, en ausencia de relación laboral.

A modo de ejemplo, la SJS n.º 69/2020, de 9 de marzo de 2020, ECLI:ES:JSO:2020:654, respalda la aplicación de este encuadramiento general a cualquier actividad, incluida la médica, si concurren los requisitos indicados.

Caso práctico | ¿Qué sucede si en una inspección se considera que el autónomo familiar colaborador debería estar dado de alta como trabajador por cuenta ajena?

PLANTEAMIENTO

Si una inspección de trabajo levanta un acta de infracción por considerar que un autónomo familiar colaborador debería estar dado de alta como trabajador por cuenta ajena, ¿cómo debemos actuar?

RESPUESTA

En caso de que en una inspección de trabajo se levante un acta de infracción por estimar que una persona (familiar colaborador de un autónomo) debería estar dada de alta como trabajador por cuenta ajena se valorará la naturaleza de la prestación de servicios y las circunstancias concurrentes.

Tal como refleja la fundamentación jurídica de la SJS-Salamanca n.º 460/2023, de 18 de diciembre del 2023, ECLI:ES:JSO:2023:4823, para que el familiar (cónyuge, ascendiente, descendiente, u otro pariente hasta segundo grado) de un trabajador autónomo deba ser dado de alta como familiar colaborador en el Régimen Especial de Trabajadores Autónomos (RETA) deben concurrir, según el artículo 305.2.k) de la LGSS, los siguientes requisitos:

- Realizar trabajos de forma **habitual y personal** en la actividad del autónomo.
- **Convivencia** en el hogar y, en su caso, estar a cargo del titular del negocio.
- No tener la consideración de trabajadores por cuenta ajena.

El acta de infracción levantada por la Inspección de Trabajo goza de presunción de veracidad sobre los hechos constatados por el inspector, salvo prueba en contrario (art. 14 del Real Decreto 928/1998, de 14 de mayo), pero esta presunción solo alcanza a los hechos objetivos y no a valoraciones subjetivas. Por tanto, si la actuación de la Inspección califica erróneamente la relación como laboral por cuenta ajena (o exige el alta como autónomo colaborador sin cumplirse todos los requisitos legales), el afectado puede impugnar el acta en vía administrativa y judicial, y la sanción podrá ser anulada si logra acreditar que su colaboración no constituye una prestación habitual, retribuida ni profesional, sino una mera ayuda familiar ocasional.

Caso práctico | Modificación RETA de ser familiar colaborador a ser titular de la explotación: Reducciones/Bonificaciones

PLANTEAMIENTO

Si una persona causa alta como autónomo titular de una explotación con derecho al reconocimiento de las bonificaciones y reducciones según normativa y, posteriormente, se modifica su situación de autónomo pasando a ser familiar colaborador.

- ¿Tendrá derecho a que le sigan reconociendo las bonificaciones y reducciones para la nueva situación, siempre que no cause baja?

- ¿Y viceversa?, de estar en alta como familiar colaborador a ser titular de la explotación sin causar baja en el RETA, solo variando esta situación.

RESPUESTA

En el caso de alta como autónomo titular y posteriormente pasó a la figura de familiar colaborador, no sería posible el disfrute de las bonificaciones por altas de familiares colaboradores de trabajadores autónomos ya que uno de los requisitos es no haber estado dado de alta en el RETA en los 5 años inmediatamente anteriores (art. 35 del LETA).

En el caso contrario, si un autónomo familiar colaborador ejerciera una actividad por cuenta propia perdería la consideración de colaborador por lo que sería necesario cursar alta de autónomo ordinario y en Hacienda encontrándose igualmente limitado el acceso a las bonificaciones por haber estado dado de alta en el RETA (art. 38 ter de la LETA).

Caso práctico | Mantenimiento actividad del autónomo colaborador tras la jubilación del autónomo titular

PLANTEAMIENTO

Se nos plantean dos dudas sobre el impacto de la jubilación del autónomo titular sobre la figura del autónomo colaborador:

1. Autónomo titular que se jubila, pero mantiene la titularidad del negocio. ¿Puede un familiar colaborador continuar dado de alta como autónomo colaborador si el titular de la actividad causa baja en el RETA por jubilación, pero continúa como titular de la actividad?

2. Autónomo titular que se jubila y solo mantiene un porcentaje del negocio siendo meramente socio capitalista. Si el autónomo titular, al jubilarse, cesa en sus funciones de gestión, administración o dirección, pero mantiene el 33 % del capital de la empresa, ¿debe su cónyuge, que era autónoma colaboradora, seguir dada de alta en el Régimen Especial de Trabajadores Autónomos (RETA) como autónoma colaboradora cuando el autónomo titular pasa a ser simplemente un socio capitalista?

RESPUESTA

A nuestro entender se plantean dos supuestos distintos, ninguno regulado explícitamente por la normativa. Uno en el que el autónomo titular pasa a ser simplemente titular de la actividad y otro en el que no realiza ningún tipo de actividad y simplemente pasa a ser socio capitalista.

1. Autónomo titular que se jubila, pero mantiene la titularidad del negocio. ¿Puede un familiar colaborador continuar dado de alta como autónomo colaborador si el titular de la actividad causa baja en el RETA por jubilación, pero continúa como titular de la actividad?

El disfrute de la pensión de jubilación es compatible con el mero mantenimiento de la titularidad de un negocio, siempre y cuando esa persona desempeñe solo las funciones inherentes a esa titularidad que no impliquen una dedicación de carácter profesional.

Si el titular de la actividad causara baja en RETA por jubilación, pero continuara como titular de la actividad no debería afectar a la existencia de autónomo familiar colaborador ya que la regulación normativa de la compatibilidad entre la pensión de jubilación y el trabajo (o el mantenimiento de la titularidad de este) y el autónomo colaborador no especifican incompatibilidad.

En este punto es interesante remarcar que el propio formulario de la TGSS para el alta de familiar colaborador (modelo TA.0521/2) reconoce esta posibilidad en la declaración que el titular de la explotación debe cumplimentar:

2. Autónomo titular que se jubila y solo mantiene un porcentaje del negocio siendo meramente socio capitalista. Si el autónomo titular, al jubilarse, cesa en sus funciones de gestión, administración o dirección, pero mantiene el 33 % del capital de la empresa, ¿debe su cónyuge, que era autónoma colaboradora, seguir dada de alta en el Régimen Especial de Trabajadores Autónomos (RETA) como autónoma colaboradora cuando el autónomo titular pasa a ser simplemente un socio capitalista?

El artículo 305.2.k) de la LGSS señala el encuadramiento obligatorio en el RETA para el cónyuge y familiares de hasta segundo grado del empresario, «cuando convivan en su hogar y estén a su cargo», y el artículo 12.1 de la LGSS limita dicho requisito a quienes están «ocupados en su centro de trabajo».

La vinculación por la sola condición de socio capitalista (con un 33 %) no atribuye la condición de autónomo titular a efectos de alta del cónyuge como colaborador. Así, lo relevante en Derecho de la Seguridad Social es el ejercicio efectivo de funciones de empresario, dirección o administración de la empresa y no la mera tenencia de participaciones sociales.

En este caso, conforme al razonamiento de la STSJ de las Is. Canarias, rec. 460/2023, de 13 de julio del 2023, ECLI:ES:TSJICAN:2023:2193, si el autónomo titular se jubila y cesa en sus funciones de gestión, administración o dirección, aun manteniendo el 33 % del capital, su cónyuge deja de estar obligada a permanecer de alta en el RETA como autónoma colaboradora, salvo que se acredite que dicho socio sigue desempeñando funciones ejecutivas (lo que sería incompatible con la jubilación ordinaria efectiva).

Caso práctico | Prestación por cese de actividad para autónomos colaboradores tras divorcio

PLANTEAMIENTO

En caso de divorcio, ¿tendría derecho a la prestación por cese de actividad el autónomo colaborador? ¿Y si en el divorcio se le adjudica parte de la empresa?

RESPUESTA

La situación legal de cese de la actividad de los colaboradores familiares regulada en el art. 331.1.c) de la Ley General de la Seguridad Social no se sujeta a las exigencias previstas en el art. 334 de ese mismo Texto Legal, ni se condiciona a la existencia de acciones de la sociedad familiar.

En caso de divorcio, un autónomo colaborador tendría derecho a la prestación por cese de actividad si se cumplen ciertos requisitos. Según el artículo 331.1.e) de la Ley General de la Seguridad Social (LGSS), se considera en situación legal de cese de actividad al autónomo que cesa en el ejercicio de su actividad por divorcio, siempre que ejerciera funciones de ayuda familiar en el negocio de su excónyuge y dichas funciones dejen de ejercerse a causa de la ruptura matrimonial.

En la STSJ de Madrid n.º 401/2023, de 25 de abril de 2023, ECLI:ES:TSJM:2023:4654, se reconoció el derecho de la demandante a percibir la prestación por cese de actividad en el régimen de autónomos debido a que probó que desempeñó funciones de ayuda directa en el negocio familiar y que su realización concluyó una vez se produjo el divorcio.

Si en el divorcio se le adjudica parte de la empresa, la situación puede variar. La conservación de participaciones en la empresa no impide el reconocimiento de la prestación por cese de actividad, siempre y cuando el autónomo haya cesado en el ejercicio de sus funciones de ayuda familiar en el negocio. En el caso mencionado, la demandante mantuvo una participación del 20 % en la empresa, pero esto no afectó su derecho a la prestación, ya que cesó en su actividad como consecuencia del divorcio.

Caso práctico | ¿Puede un autónomo colaborador ser considerado un falso autónomo?

PLANTEAMIENTO

¿Puede un autónomo colaborador ser considerado un falso autónomo?

RESPUESTA

Un falso autónomo es una persona que, aunque figura como autónomo, en realidad trabaja bajo las condiciones de un trabajador por cuenta ajena, es decir, bajo la dirección y control de un empresario, sin la independencia que caracteriza a los autónomos. Para determinar si un autónomo colaborador es un falso autónomo, se deben analizar varios indicios de dependencia y ajenidad, tales como:

- **Dependencia:** si el autónomo colaborador sigue las directrices empresariales, tiene un horario fijo, y realiza su trabajo en las instalaciones del empresario, se puede considerar que existe una relación de dependencia. La jurisprudencia ha señalado que la asistencia al centro de trabajo del empleador y el sometimiento a un horario son indicios comunes de dependencia.

- **Ajenidad:** si el autónomo colaborador no asume el riesgo y ventura de su actividad, y los frutos de su trabajo se transfieren directamente al empresario, se puede considerar que existe ajenidad. La entrega de productos o servicios al empresario y la adopción de decisiones de mercado por parte del empresario son indicios de ajenidad.

- **Retribución:** si la retribución del autónomo colaborador es fija o periódica y no depende del resultado de su actividad, sino que es determinada por el empresario, esto también es un indicio de una relación laboral encubierta.

- **Convivencia:** en este caso lo que marque la diferencia será la convivencia (o no) con el autónomo titular.

De esta forma, si un autónomo colaborador trabaja bajo las condiciones de un trabajador por cuenta ajena, siguiendo las directrices del empresario, utilizando los medios de producción del empresario, y recibiendo una retribución fija, puede ser considerado un falso autónomo.

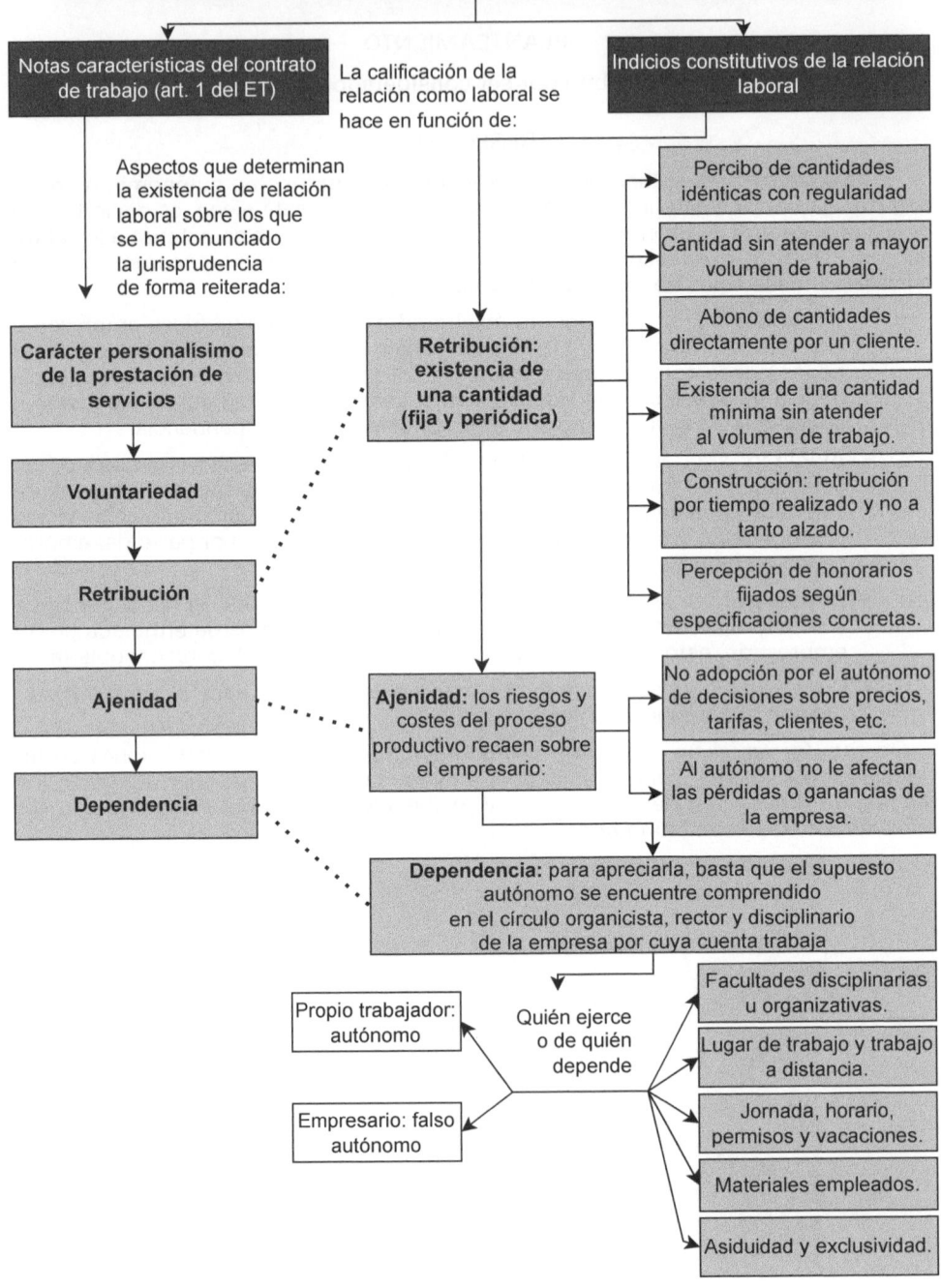

Caso práctico | Criterios para fijar el salario del autónomo colaborador correctamente

PLANTEAMIENTO

¿Cómo podemos establecer el «salario» correcto para un autónomo colaborador?

RESPUESTA

Como hemos analizado, para establecer el salario correcto de un autónomo colaborador, es esencial que este esté integrado en la organización del trabajo con una jornada y responsabilidades específicas, que las retribuciones no superen el valor de mercado correspondiente a su cualificación y trabajo desempeñado, y que todos los gastos estén debidamente justificados y recogidos en la declaración fiscal correspondiente. A falta de la existencia de concreción normativa podemos establecer los siguientes criterios a modo orientativo:

- **Integración en la organización del trabajo:** si el autónomo colaborador está integrado en la organización del trabajo con una jornada, tareas y responsabilidades específicas, cobrará una cantidad de forma regular. Esta cantidad se declarará como rendimientos del trabajo, similar a cualquier trabajador por cuenta ajena, y para el empleador se considerará un gasto deducible.

- **Necesidad de justificación y declaración fiscal:** los gastos deben estar debidamente justificados y recogidos en la declaración fiscal (IRPF del año correspondiente), debiendo constar expresamente en la documentación aportada y cumpliendo con las exigencias de las normas tributarias y de contabilidad, tal y como establece el artículo 332.1 de la LGSS y el artículo 30 de la LIRPF.

- **Valor de mercado:** las retribuciones del autónomo colaborador no pueden superar el valor de mercado correspondiente a la cualificación y el trabajo desempeñado. Esto se debe a la normativa fiscal y de seguridad social vigente, que establece que para que las retribuciones pagadas al cónyuge o hijos menores del contribuyente que convivan con él sean deducibles, estas no deben ser superiores a las de mercado correspondientes a su cualificación profesional y trabajo desempeñado.

- **Evitar inflar gastos deducibles:** este requisito se establece para evitar que se utilicen relaciones familiares para inflar artificialmente los gastos deducibles y reducir la base imponible del autónomo titular. La normativa busca asegurar que las retribuciones sean razonables y equivalentes a las que se pagarían a un trabajador independiente con la misma cualificación y responsabilidades, garantizando así la equidad y la correcta tributación.

- **Deducción de gastos:** si se cumplen los requisitos generales de deducibilidad de los gastos y el autónomo titular puede probar que el autónomo colaborador que sea cónyuge o hijo trabaja en la actividad en régimen de dependencia laboral y se dan las condiciones del artículo 30 de la LIRPF, las retribuciones que les abone tendrán la consideración de gasto deducible para el autónomo titular. Paralelamente, para el propio autónomo colaborador, esas retribuciones tendrán la consideración, a los efectos de su IRPF, de rendimientos de trabajo, que estarán sometidos a retención salvo que resulte de aplicación el límite cuantitativo excluyente de la obligación de retener (artículo 81 del RIRPF).

Caso práctico | Deducción en el IRPF de la cuota del autónomo colaborador

PLANTEAMIENTO

¿Puede el titular de una actividad incluir como gasto el pago de la cuota de un autónomo colaborador?

RESPUESTA

Sí. Puede deducir el gasto.

El tratamiento sería similar a la deducción de las cuotas de autónomos pagadas por una sociedad como retribución en especie al socio trabajador. Las retribuciones pagadas al familiar colaborador se comunican a la Agencia Tributaria en el modelo 111 y en el resumen 190, donde constarán esas cuotas. El familiar las deducirá como gasto de Seguridad Social en su declaración de la renta. Cabe recordar que la retribución en especie no puede exceder del 30 % de las percepciones salariales del trabajador.

En la consulta vinculante V1164-24 se resuelve el caso relativo a si puede deducirse como gasto de trabajo en la declaración del IRPF, la cuota de autónomo colaborador del cónyuge del consultante (titular de la actividad) que es el que satisface dicha cuota.

La Dirección General de Tributos establece la consideración como gasto deducible de la cuota de autónomos, por lo que podrá incluirlo como gasto deducible.

En primer lugar, en la consulta vinculante se hace mención al artículo 28 de la LIRPF, que recoge las reglas generales para la determinación del rendimiento neto de las actividades económicas en régimen de estimación directa, y al apartado 2 del artículo 30 de la misma norma que, recoge unas normas especiales para la determinación del rendimiento neto en estimación directa, estableciendo la 2ª de estas reglas especiales que:

> «(...) cuando resulte debidamente acreditado, con el oportuno contrato laboral y la afiliación al régimen correspondiente de la Seguridad Social, que el cónyuge o los hijos menores del contribuyente que convivan con él, trabajan habitualmente y con continuidad en las actividades económicas desarrolladas por el mismo, se deducirán, para la determinación de los rendimientos, las retribuciones estipuladas con cada uno de ellos, siempre que no sean superiores a las de mercado correspondientes a su cualificación profesional y trabajo desempeñado. Dichas cantidades se considerarán obtenidas por el cónyuge o los hijos menores en concepto de rendimientos del trabajo a todos los efectos tributarios».

Respecto al requisito de afiliación al «régimen correspondiente de la Seguridad Social», la Dirección General de Tributos (DGT) lo entiende referido al Régimen General, o a aquellos regímenes especiales aplicables a determinados sectores de trabajadores por cuenta ajena. El artículo 12 de la Ley General de la Seguridad Social, señala que: «(...) no tendrán la consideración de trabajadores por cuenta ajena, salvo prueba en contrario: el cónyuge, los descendientes, ascendientes y demás parientes del empresario, por consanguinidad o afinidad hasta el segundo grado inclusive y, en su caso, por adopción, ocupados en su centro o centros de trabajo, cuando convivan en su hogar y estén a su cargo».

La DGT concluye expresando:

«La posibilidad de que la Seguridad Social pudiera no admitir la afiliación del cónyuge o hijos menores al Régimen General, rechazando por escrito la solicitud e incluyéndolos en el Régimen Especial de Trabajadores Autónomos, ha llevado a este Centro directivo a interpretar en dicho supuesto que si el titular de la actividad puede probar que el cónyuge o los hijos menores trabajan en la actividad en régimen de dependencia laboral y se cumplen los restantes requisitos del mencionado artículo 30, en tales casos las retribuciones al cónyuge o hijos menores tendrían la consideración de gasto deducible.

En correspondencia con esta calificación, las retribuciones obtenidas por el cónyuge o hijos menores tendrán para estos la consideración de rendimientos del trabajo, rendimientos que estarán sometidos a la retención por el titular de la actividad económica. Esta doble calificación procede hacerla extensible también a las cotizaciones al Régimen de Autónomos correspondientes al cónyuge, en cuanto fueran satisfechas por el titular de la actividad».

ANEXO II.
FORMULARIOS

Modelo de certificado emitido por empresa especificando la jornada de autónomo colaborador

El autónomo colaborador es un familiar, hasta el segundo grado por consanguinidad o afinidad, del trabajador autónomo titular cuya incorporación al Régimen Especial de Trabajadores Autónomos (RETA) resulta obligatoria. El presente modelo permite la certificación por el autónomo titular de la jornada realizada de forma habitual por un autónomo colaborador.

D./D.ª ([NOMBRE_AUTÓNOMO_TITULAR]

DNI [NÚMERO])

Tfno. [NÚMERO]

E-mail [CORREO]

En [LOCALIDAD], a [FECHA].

D./D.ª [NOMBRE], con DNI [NÚMERO], **REPRESENTANTE** (AUTÓNOMO TITULAR) de la empresa en el encabezado indicada, **CERTIFICA:**

Que D./D.ª [NOMBRE] **(1)** está prestando servicios como autónomo/a colaborador/a en la mercantil que represento desde el pasado día [FECHA], realizando la actividad de [DESCRIPCIÓN], mediante la jornada de [NÚMERO] horas (diarias/semanales/anuales) de [DÍA] a [DÍA], en el centro de trabajo que la empresa tiene en [LUGAR_CENTRO_TRABAJO], sujeto/a al horario que a continuación se detalla:

- [DESCRIPCIÓN].
- [DESCRIPCIÓN].

Y para que así conste firmo el siguiente documento en lugar y fecha indicados.

[SELLO_Y_FIRMA]

D./D.ª [NOMBRE].

---

(1) Nombre y apellidos de la persona trabajadora.

Formulario de acuerdo mercantil entre un autónomo titular y un autónomo familiar colaborador regulando la prestación de servicios

Con ayuda del siguiente modelo genérico de contrato de carácter mercantil de prestación de servicios, de una parte, el autónomo familiar colaborador se compromete frente a la otra parte, el autónomo titular, a prestar un servicio a cambio de un precio. La relación estará sujeta a características como:

- La independencia del autónomo familiar colaborador con respecto del autónomo titular, es decir, se prestan los servicios por cuenta propia.
- La precisa concreción de la prestación de servicios.
- El régimen jurídico, pues de forma general de este contrato se regirá por los artículos 1542 a 1545 y 1583 del Código Civil.

En [LOCALIDAD], a [DÍA] de [MES] de [AÑO].

REUNIDOS

De una parte, D./D.ª [NOMBRE_AUTÓNOMO_TITULAR], mayor de edad, soltero/casado, con domicilio en la calle [CALLE], titular del NIF [NIF] en adelante, el «AUTÓNOMO TITULAR».

Y, de otra parte, D./D.ª [NOMBRE_AUTÓNOMO_FAMILIAR COLABORADOR], asimismo mayor de edad, soltero/casado, con NIF [NIF], y domicilio en [DIRECCIÓN], en adelante, el «AUTÓNOMO FAMILIAR COLABORADOR».

MANIFIESTAN

I.- Que, el AUTÓNOMO TITULAR es titular de la actividad económica de [DESCRIPCIÓN DE LA ACTIVIDAD] con domicilio en [DIRECCIÓN DEL CENTRO DE TRABAJO].

II.- Que, el AUTÓNOMO FAMILIAR COLABORADOR es [ESPECIFICAR] (1) del AUTÓNOMO TITULAR y desea colaborar en la actividad económica de forma habitual y no puntual, cumpliendo con los requisitos establecidos en la normativa vigente. (2)

III.- Que, al estar ambas partes interesadas en formalizar el presente acuerdo mercantil para regular las condiciones de la colaboración del AUTÓNOMO FAMILIAR COLABORADOR en la actividad económica del AUTÓNOMO TITULAR, a tal efecto ambas partes formalizan el presente CONTRATO DE PRESTACIÓN DE SERVICIOS, en base a las siguientes,

ESTIPULACIONES

PRIMERA.- Objeto del Acuerdo

El objeto del presente acuerdo es regular la colaboración del AUTÓNOMO FAMILIAR COLABORADOR en la actividad económica del AUTÓNOMO TITULAR, conforme a lo dispuesto en la normativa vigente; en tal sentido, del AUTÓNOMO FAMILIAR COLABORADOR se obliga a desarrollar dicha labor con diligencia y atención propia de su condición profesional.

SEGUNDA.- Alta y Cotización en el Régimen Especial de Trabajadores Autónomos (RETA)

El AUTÓNOMO FAMILIAR COLABORADOR se dará de alta en el Régimen Especial de Trabajadores Autónomos (RETA) y cotizará conforme a lo establecido en la normativa aplicable. (3)

TERCERA.- Actividades y Responsabilidades

El AUTÓNOMO FAMILIAR COLABORADOR realizará las siguientes actividades y responsabilidades en el centro de trabajo del AUTÓNOMO TITULAR:

- [DESCRIPCIÓN DE LAS ACTIVIDADES Y RESPONSABILIDADES ESPECÍFICAS].
- [DESCRIPCIÓN DE LAS ACTIVIDADES Y RESPONSABILIDADES ESPECÍFICAS].
- [DESCRIPCIÓN DE LAS ACTIVIDADES Y RESPONSABILIDADES ESPECÍFICAS].

CUARTA.- Retribución

El AUTÓNOMO FAMILIAR COLABORADOR percibirá una retribución mensual de [CANTIDAD] euros, que será abonada por el AUTÓNOMO TITULAR. Esta retribución será declarada como rendimientos del trabajo y estará sujeta a las retenciones correspondientes. **(4)**

Los honorarios correspondientes a los servicios objeto del presente contrato serán satisfechos con arreglo a los siguientes criterios: [ESPECIFICAR]:

A) Sueldo Base Mensual... [CANTIDAD] euros.

B) Complemento de [ESPECIFICAR] ... [CANTIDAD] euros.

C) [ESPECIFICAR].

QUINTA.- Jornada y Horario

La prestación de servicios será de [ESPECIFICAR] horas anuales en régimen de [ESPECIFICAR], sin que la jornada ordinaria pueda exceder de [ESPECIFICAR] horas semanales de promedio en cómputo semestral. Dicha prestación de servicios será incompatible con la realización de cualquier otra actividad pública o privada.

Las horas que se realicen en concepto de [ESPECIFICAR] se remunerarán de la siguiente manera: [ESPECIFICAR]. **(5)**

El/la trabajador/a disfrutará de las fiestas, permisos y vacaciones conforme a lo regulado en el artículo 37 y 38 del Estatuto de los Trabajadores y en el [CONVENIO_COLECTIVO]. **(6)**

SEXTA.- DURACIÓN

La duración del presente contrato será de [ESPECIFICAR] renovable por iguales períodos durante [ESPECIFICAR] y siempre que al final de cada año, el trabajador/a autónomo familiar colaborador haya [ESPECIFICAR].

(EN CASO DE NO FIJAR UNA DURACIÓN LIMITADA) - No se fija plazo de duración a la relación, bastando para poner fin a la misma la renuncia de cualquiera de las partes, comunicada de forma fehaciente con una antelación mínima de treinta días.

(EN CASO DE QUERER ESTABLECER SUPUESTOS DE EXTINCIÓN) - El presente contrato se extinguirá: [ESPECIFICAR].

SÉPTIMA.- OBLIGACIONES DEL AUTÓNOMO TITULAR

El AUTÓNOMO TITULAR se compromete a:

- Facilitar al AUTÓNOMO FAMILIAR COLABORADOR los medios necesarios para el desempeño de sus funciones.
- Abonar la retribución pactada en la forma y plazos establecidos.
- Cumplir con las obligaciones fiscales y de cotización correspondientes.
- [OTRAS].

OCTAVA.- OBLIGACIONES DEL AUTÓNOMO FAMILIAR COLABORADOR

El AUTÓNOMO FAMILIAR COLABORADOR se compromete a:

- Facilitar al AUTÓNOMO TITULAR cuanta documentación y antecedentes se encuentren a su disposición, a fin de facilitar la tramitación de las gestiones encomendadas.
- Realizar las actividades y responsabilidades asignadas con diligencia y profesionalidad.
- Cumplir con el horario de trabajo establecido.
- Cotizar en el RETA conforme a la normativa vigente.

NOVENA.- FINALIZACIÓN

El presente acuerdo podrá ser resuelto por cualquiera de las partes mediante notificación escrita con una antelación mínima de [PLAZO] días.

DÉCIMA.- SUPUESTOS DE SUSPENSIÓN

(EN CASO DE QUERER ESTABLECER SUPUESTOS DE SUSPENSIÓN) Excepcionalmente el presente contrato podrá suspenderse por las causas previstas en el artículo 45.1 del Real Decreto Legislativo 2/2015, de 23 de octubre, por el que se aprueba el Texto Refundido del Estatuto de los Trabajadores, excepto [ESPECIFICAR] (7). Igualmente podrá suspenderse por las excedencias establecidas en el artículo 46 del Real Decreto Legislativo 2/2015, de 23 de octubre, con exclusión de la excedencia prevista para [ESPECIFICAR]. (7)

UNDÉCIMA.- NORMAS SUPLETORIAS APLICABLES

Para lo no previsto en el clausulado de este contrato serán de aplicación los artículos 1542 a 1545 y 1583 del Código Civil y [ESPECIFICAR]. (8)

DUODÉCIMA. DISCREPANCIAS

Cualesquiera discrepancias que surjan durante la vigencia del presente contrato, serán resueltas por los Juzgados y Tribunales de [ESPECIFICAR].

Y para que así conste, se extiende el presente documento por duplicado ejemplar, que es firmado por los comparecientes en prueba de conformidad y señal de cumplimiento.

[FIRMAS]

---

(1) Indicar relación familiar: cónyuge, la pareja de hecho y los familiares de trabajadores autónomos por consanguinidad o afinidad hasta el segundo grado inclusive y, en su caso, por adopción.

(2) La inexistencia de una normativa reguladora del autónomo colaborador clara y específica implica ciertas lagunas en el concepto sobre las que siempre se plantean dudas cubiertas por el art. 12 de la LGSS y arts. 1 y 35 y D.A. 10.ª de la LETA.

(3) El autónomo titular responderá subsidiariamente del cumplimiento de las obligaciones de afiliación, alta, baja y comunicación de variaciones de datos que correspondan a los familiares que, por realizar una actividad en tal negocio o explotación, estén comprendidos en el campo de aplicación del Régimen Especial de los Trabajadores por Cuenta Propia o Autónomos y, como trabajadores por cuenta propia, del Régimen Especial de los Trabajadores del Mar.

(4) Las características de la retribución y fiscalidad del autónomo colaborador estarán supeditadas a la realización de actividades en sustitución del empresario o a que el mismo se encuentre integrado en la organización del trabajó como un empleado más. A diferencia del autónomo, el autónomo colaborador no ha de liquidar el IVA de forma trimestral ni las retenciones a cuenta del IRPF. El autónomo colaborador tributa del mismo modo que un trabajador por cuenta ajena, es decir, como un asalariado.

(5) Todo ello sin perjuicio de lo acordado en el convenio colectivo en caso de que se decida su aplicación. Sólo en caso de que se quiera instaurar un régimen de exclusividad en la prestación de servicios. Especificar horas sobre la jornada, de presencia, de toma y deje, etc.

(6) Si se desea puede consignarse que las vacaciones se rijan por lo estipulado en algún convenio colectivo.

(7) Especificar si se desea que no opere alguno de los motivos de suspensión del art. 45 del ET o de excedencia del art. 46 del ET.

(8) Especificar cualquier normativa que afecte de forma específica el sector en el que se prestarán servicios o que quiera aplicarse de modo supletorio.